Anton Davydov

Méthode Originale pour Apprendre
à Jouer de l'Harmonica et à Improviser

Les messages concernant les coquilles, les erreurs, les inexactitudes et les suggestions visant à améliorer la qualité sont les bienvenus à l'adresse suivante :
albinaopen@gmail.com

SOMMAIRE

PARTIE III

Introduction

Salut à tous ! Cela peut paraître un peu cliché, mais vous tenez entre vos mains un livre unique ! Oui, unique ! En effet, la particularité de la méthode d'enseignement présentée ici est qu'elle vous apprendra non seulement à jouer les bonnes notes et les bonnes mélodies (choses que vous pouvez apprendre dans de nombreux autres livres également), mais aussi à improviser. Oui, vous avez bien entendu : improviser ! Et nous commencerons cette pratique dès les premières leçons. Vous pensez cela impossible ? Vous êtes sûrement nombreux à avoir déjà essayé de jouer de l'harmonica en regardant des tutoriels vidéo sur Internet ou, peut-être, en vous aidant d'autres manuels d'auto-apprentissage. Vous avez peut-être même réussi à jouer quelques mélodies et pourtant, cela n'a pas comblé vos aspirations ; votre but étant tout autre. Vous vouliez en réalité trouver un instrument sur lequel jouer votre propre mélodie. Pas celle de quelqu'un d'autre, mais la vôtre, différente, chargée de tristesse ou de joie. Mais vous n'avez pas réussi à trouver le livre qui puisse vous apprendre à le faire. Eh bien, félicitations ! Si vous lisez ceci, c'est que vous avez trouvé exactement ce que vous cherchiez.

Ou peut-être s'agit-il de votre premier auto-apprentissage ? Dans ce cas, vous avez de la chance ! Quoi qu'il en soit, ne perdons pas une minute et plongeons dans l'un des mondes les plus fascinants et merveilleux qui soient : celui de la musique.

D'ailleurs, faisons plus ample connaissance ! Suivez le lien (vidéo 1)

*Vidéo 1**

*Voir page 64 pour les vidéos et les fichiers audio.

Pour que notre immersion dans la musique soit réussie et efficace, nous devons examiner et comprendre les principes de notre apprentissage, c'est à dire l'approche méthodologique et la démarche à adopter pour maîtriser ce merveilleux instrument de musique qu'est l'harmonica.

On dit souvent que la musique est un langage universel, compris partout et par tous. Et je suis tout à fait d'accord. En réalité, nous apprenons à jouer d'un instrument de musique de la même manière que nous avons appris à parler notre langue maternelle. Il y a cinq principes de base à adopter :

1. L'écoute avant le jeu.

Cela ne veut pas dire que vous devriez jouer peu ! Cela signifie que vous devriez accorder plus d'importante à l'écoute. Si ce n'est pas déjà le cas, imprégnez-vous des morceaux à l'harmonica. Laissez la musique jaillir de tous vos appareils. Sur n'importe quel lecteur de musique, à la radio, dans la voiture, au travail (si possible), et même sur un disque vinyle. Ce que vous écoutez et qui vous écoutez relèvent de vos goûts. Si cela vous intéresse, je peux vous recommander quelques noms d'excellents harmonicistes qui m'ont beaucoup aidé par le passé (page #8). Il est important, comme pour toute chose, de ne pas trop en faire, en voulant "gober" la musique de force. Laissez simplement votre atmosphère baigner dans les sons de l'harmonica. Et bien sûr, assistez à des concerts live ! Rien ne motive autant à la maîtrise d'un instrument de musique que d'entendre un artiste sur scène délivrer avec brio sa performance.

2. Jouez plus par cœur, moins en tablature.

De par sa conception particulière, il est presque impossible de faire appel à des partitions pour l'harmonica. Voilà pourquoi on pourrait dire que la partition n'a pas encore réussi à "gâcher" la musique de l'harmonica. Il existe néanmoins la tablature (nous en parlerons dans notre première leçon). Il est très important une fois que l'on commence à apprendre une mélodie ou un lick avec une tablature (ou tab en abrégé) de s'en détacher dès que possible et de commencer à jouer par cœur. Ce n'est que lorsque la mélodie est jouée par cœur qu'elle prend vie et commence à exprimer la palette de vos émotions. Surtout, ne jouez jamais – oui, ne jouer JAMAIS une musique avec une partition devant un public ! Ce n'est tout simplement pas approprié.

3. Reproduisez plus les sons à l'oreille, moins avec la tablature.

Le principe est simple : si vous entendez une phrase/motif mélodique (communément appelée "lick", par emprunt à l'anglais ou "plan", en français) ou si vous vous souvenez d'une mélodie, essayez de la reproduire sur votre harmonica. Essayez de la jouer directement, sans chercher de tablature (qui d'ailleurs n'existe peut-être pas pour cette mélodie en particulier). C'est l'approche classique du professeur pour transmettre ces connaissances musicales à l'élève. Simple et rapide, cette méthode est indémodable. Après tout, n'est-ce pas ainsi que, enfants, nous avons appris à parler ? Nous répétions simplement des mots et des phrases que nous entendions autour de nous.

Naturellement, vous ne pourrez pas tout de suite jouer de la musique à l'oreille. Cela prendra du temps. Mais même un simple lick joué de cette manière ne vous semblera plus étrange et deviendra "vôtre". Votre "langage musical" s'étoffera très rapidement. Une fois que vous aurez appris à jouer de la musique à l'oreille à partir de sources audio et vidéo, toutes les mélodies que vous entendrez deviendront accessibles. Vos seules limites seront celles imposées par votre instrument.

4. Être plus dans l'improvisation que dans l'exécution de morceaux tout faits.

C'est probablement la règle la plus fondamentale. Les enfants en maternelle assimilent ce principe plus facilement que les adultes. En général, cela est dû au fait que, durant leurs années d'école, de nombreux adultes ont été nourris par des histoires saugrenues sur la difficulté, voire l'impossibilité, de l'improvisation. Ce n'est tout simplement pas vrai ! Croyez-moi, tout le monde peut improviser ! Nous commencerons la pratique de l'improvisation dès le début, et vous serez surpris de voir à quel point c'est simple !

5. Jouez pour le plaisir.

Ce principe aurait sans doute mérité d'être cité en premier… N'oubliez jamais pourquoi vous avez voulu commencer à apprendre l'harmonica : pour vous amuser ! Quand quelque chose ne marche pas comme vous l'auriez souhaité, souvenez-vous-en. Tout ne se passe pas toujours comme on le voudrait, mais les choses que nous avons déjà apprises et acquises nous donnent une bonne raison d'être satisfait et heureux.

Ne vous torturez pas avec de longues heures d'entraînement, si vous sentez que sur le moment, la difficulté est insurmontable. Il serait bien plus préférable de pratiquer l'instrument par intermittence, pendant de 10 à 15 minutes à chaque fois, plutôt que de pratiquer une fois par semaine pendant une heure et demie, en vous infligeant des souffrances (ainsi qu'à vos voisins !) Gardez votre instrument avec vous dans votre sac à main, votre sac à dos ou votre poche et jouez chaque fois que vous en avez l'occasion et (surtout) quand vous en avez envie.

Une dernière règle à propos de cet auto-apprentissage. Dans le livre, vous trouverez des liens vers des documents audio et vidéo. Ne faites pas l'impasse dessus. Écoutez et regardez chaque audio et vidéo. Sans ces documents, les leçons seront peu utiles.

Je pense que nous avons un peu trop parlé ☺

Allez-y et sortez l'harmonica de son étui. Oh, vous l'avez donc déjà enlevé ? Je vois.

Est-il accordé en C (Do) ? Y a-t-il un C noté sur l'appareil et sur l'étui ?

Parfait ! C'est exactement ce dont nous avons besoin. Je vous expliquerai ce que cela signifie un peu plus tard.

Passons maintenant à la première leçon !

PARTIE I

𝄞 PREMIÈRE POSITION – MAJEURE DIATONIQUE 𝄞

Leçon 1

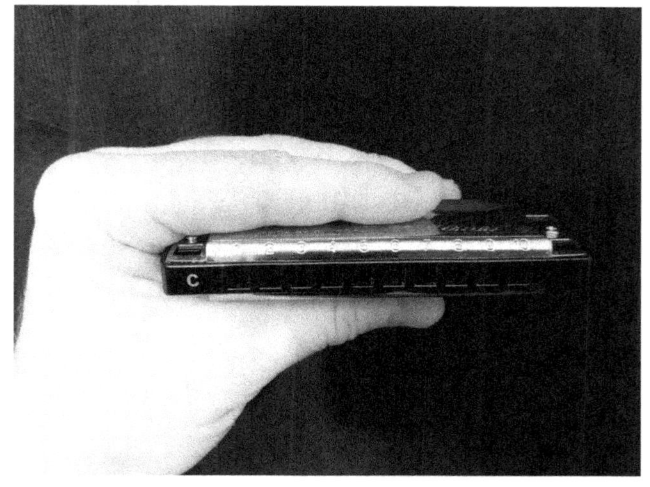

Figure 1

Comme toujours, les premières leçons débutent avec un peu de théorie musicale et de solfège, mais aussi avec l'introduction de nouveaux termes se rapportant à notre instrument. Nous aurons besoin de tout cela plus tard, alors soyez patient.

Prenez votre harmonica dans les mains.

Il y a différentes façons de le tenir. Mais nous n'allons pas nous attarder sur ce point. Nous allons tenir l'instrument de la manière la plus courante et la plus efficace. La main principale est la main gauche. Prenez donc l'instrument dans votre main gauche, comme le montre la figure 1. Regardez attentivement, l'harmonica est pris en sandwich entre le pouce et l'index de votre main gauche. Les capots inférieur et supérieur de l'harmonica présentent généralement des courbures le long de leur surface. Celles-ci facilitent entre autres la prise en main de l'instrument. Voici comment doivent être placés le pouce et l'index.

Est-ce que vous voyez la numérotation 1 à 10 des trous sur le capot supérieur ? Si oui, alors l'harmonica est dans la bonne position. Si les chiffres se trouvent en bas, devant votre pouce, vous devez alors retourner l'instrument.

La main droite est là pour soutenir la main gauche à tenir l'instrument. Ensemble, elles peuvent former une “caisse de résonance” qui peut se fermer et s’ouvrir (voir Figure 2).

Figure 2

Commençons maintenant à produire les premiers sons sur l’harmonica. Il faut savoir que l’harmonica est un instrument à vent et à anches. En d’autres termes, il a besoin d’un apport d’air constant et stable pour que les anches (les lamelles métalliques) qui se trouvent à l’intérieur puissent osciller et créer du son. Il est donc important de bien placer vos lèvres autour de l’harmonica et de souffler avec assurance. Inutile de souffler de toutes vos forces, comme pour gonfler un ballon. Un léger mais constant débit d’air suffit.

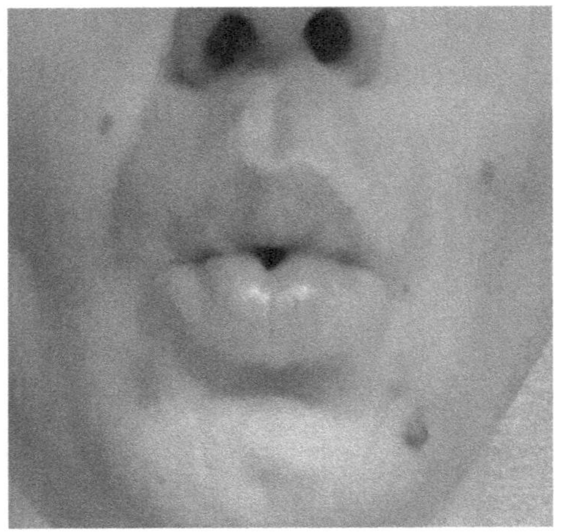

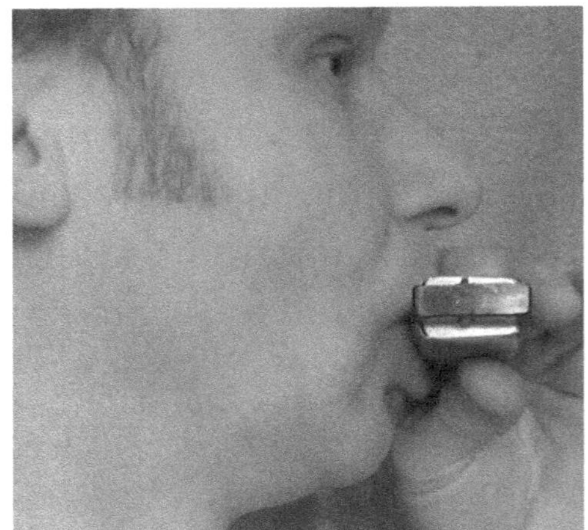

Figure 3

Maintenant que vous avez essayé cela, vous avez certainement entendu plusieurs sons à la fois. C’est parce que vous avez soufflé dans plusieurs trous à la fois. Nous allons donc apprendre à souffler et donc à jouer dans un seul trou. Il s’agit du point le plus important de la première leçon. JOUER DANS UN TROU. Sans cette maîtrise-là, vous ne pourrez pas passer à la deuxième leçon.

Le secret pour ne jouer que dans un seul trou c’est de le tenir en bouche. C’est ce qu’on appelle l’embouchure. Ne cherchez pas à l’attraper par les lèvres ni à l’enfoncer dans votre bouche. Enroulez simplement vos lèvres autour de l’harmonica de manière à ce qu’elles recouvrent les parties arrondies et courbées du capot supérieur et du capot inférieur. Ramenez progressivement vos lèvres pour former un “tube” étroit, comme si vous teniez une paille entre vos lèvres et que vous vouliez boire dans une petite barquette de jus (Fig. 3).

Vidéo 2

Il est IMPORTANT de s'assurer que l'harmonica ''repose'' sur la lèvre inférieure. Ne le soulevez pas vers votre lèvre supérieure et ne le faites pas incliner vers le haut. Idéalement, l'harmonica doit être légèrement orienté vers le bas. (Une démonstration détaillée et visuelle sur la manière de jouer dans un trou est présentée dans la vidéo de cette leçon (vidéo 2)).

Remarque : La raison pour laquelle vous ne pouvez pas jouer dans un seul trou peut être due non seulement à la forme de vos lèvres, mais aussi à la position de l'instrument par rapport à vos lèvres. Si vous entendez deux sons à la fois au lieu d'un seul son, il y a de fortes chances que vous ne soyez pas devant le bon trou, mais devant la cloison entre les deux trous. Le flux d'air se divise en deux et les deux languettes des trous voisins sonnent en même temps. Pour y remédier, il suffit de déplacer légèrement l'instrument de gauche à droite et de retrouver la bonne position.

Il est également IMPORTANT de s'assurer que les lèvres ne collent pas aux capots de l'instrument, auquel cas elles risqueraient de ne pas glisser facilement. Humidifiez vos lèvres avant de commencer à jouer et pendant le jeu (et lorsque vous avez terminé, essuyez l'harmonica avec une serviette en papier).

Une fois que vous avez réussi à jouer au hasard dans un trou avec précision et à souffler un son, faites de même avec le 1er, le 4e, le 7e et le 10e trou.

Les quatre sons que vous avez obtenus sont des sons toniques. C'est-à-dire qu'ils déterminent la tonalité de l'instrument. De plus, il s'agit du même son, en l'occurrence ici c'est le C (Do) (et sur un harmonica en tonalité D (ré) par exemple, les mêmes trous donneront le son Ré etc.). Comme vous pouvez le voir, sur l'harmonica en Do, nous avons quatre sons de Do. Chaque Do est plus aigu que le Do qui le précède. Pourquoi les sons d'un instrument de musique se répètent-ils à mesure qu'ils s'élèvent ? Parce qu'ils ne montent pas de manière linéaire, mais, pour ainsi dire, en spirale. C'est comme monter les escaliers dans un immeuble à plusieurs étages. Chaque étage est semblable au précédent, la différence est qu'il est plus haut.

L'intervalle entre deux notes Do les plus proches s'appelle une octave. Comme nous pouvons le voir, notre harmonica possède 3 octaves de ce type : 1-4, 4-7, 7-10. Nous allons d'abord nous intéresser à l'octave principale – l'octave médium.

Essayez à nouveau de souffler dans le quatrième trou, pour jouer une seule note.

Maintenant, respirez ! Et assurez-vous que vous jouez une seule note.

Piste 1

Oui, sur un harmonica, les sons sont émis non seulement quand on souffle (à l'expiration), mais également quand on aspire (à l'inspiration)

Vous avez compris ? Alors vous êtes prêt à jouer une gamme, et ce sera la dernière activité d'aujourd'hui.

Nous allons jouer une gamme de Do majeur puisque nous avons un harmonica en Do.

La gamme comportera les notes suivantes : **C - D - E - F - G - A - B - C. Do - Ré - Mi - Fa - Sol - La - Si - Do.**

La technique de jeu est simple :

4e trou – soufflez, aspirez ;
5e trou – soufflez, aspirez ;
6e trou – soufflez, aspirez ;
7e trou – aspirez, expirez (!).

Notons-la tablature : (piste 1)

4↑	4↓	5↑	5↓	6↑	6↓	7↓	7↑
do	ré	mi	fa	sol	la	si	do

Comme vous l'avez probablement compris, la flèche vers le haut ↑ signifie souffler et la flèche vers le bas ↓ signifie aspirer.

Sous chaque chiffre est inscrite la lettre qui désigne la note correspondante (cela n'a pas beaucoup d'importance lorsque vous jouez, mais nous en aurons besoin plus tard).

Avez-vous pu jouer la gamme ? Formidable ! Essayez maintenant de jouer dans le sens inverse – de droite à gauche, du 7e au 4e trou.

Pratiquez la gamme et jouez-la au début de chaque leçon. Une fois que vous aurez correctement maîtrisé la gamme, vous pourrez passer à la deuxième leçon.

Leçon 2

Jouons maintenant une gamme majeure dans l'octave supérieure. Voilà comment elle se présente : (piste 2)

7↑	8↓	8↑	9↓	9↑	10↓	10↓
do	ré	mi	fa	sol	la	do

Piste 2

Vous avez compris ? Génial ! Et maintenant en deux octaves. Du 4e au 10e trous et vice-versa : (piste 3)

4↑	4↓	5↑	5↓	6↑	6↓	7↓	7↑	8↓	8↑	9↓	9↑	10↓	10↑
do	ré	mi	fa	sol	la	si	do	ré	mi	fa	sol	la	do

Piste 3

Comme vous pouvez le constater, à partir du 7e trou, nous jouons la gamme d'abord en aspirant puis en soufflant. Pourtant, avant d'atteindre le 6e trou, nous avons d'abord soufflé puis aspiré. C'est la particularité de l'harmonica, c'est ainsi qu'il est conçu. Cela permet de jouer tous les sons toniques (le son Do, dans notre cas) en soufflant. Il n'y avait pas d'autre option que "d'inverser" les sons au 7e trou et dans tous les trous suivants.

Un point important : Avez-vous assez de souffle ? Lorsque vous jouez la gamme, êtes-vous déjà à bout de souffle ? Il est important de savoir que la respiration à l'harmonica se fait naturellement, pendant le jeu, par la bouche, en grande partie parce que nous jouons à la fois en inspirant et en expirant. De cette façon, votre respiration est régulièrement alternée. MAIS ! L'alimentation en oxygène est rétablie par l'inspiration buccale à hauteur de 70 % environ. Les 30 % restants sont apportés par voie nasale. Par exemple, si nous n'avons pas assez d'air, alors à l'inspiration suivante dans une mélodie ou une gamme, nous inspirerons parallèlement avec le nez. Et si, au contraire, les poumons sont déjà pleins, nous nous débarrasserons à l'expiration suivante de l'air excédentaire par le nez. En d'autres termes, lorsque nous jouons de l'harmonica, notre nez est une "valve" d'air supplémentaire, qui n'est impliquée dans la respiration qu'en cas de nécessité.

Vous avez probablement aussi remarqué que la gamme de l'octave supérieure n'est pas complète. Il manque l'avant-dernière note de la gamme, la B (Si). Ce son a dû être ''sacrifié'' car il ne rentrait pas dans l'harmonica à dix trous. Vous découvrirez plus tard que ce n'est pas la seule note qui manque à notre instrument.

Eh bien, il est temps de jouer notre premier morceau ! Commençons avec quelque chose de simple et familier.

Que diriez-vous de "Twinkle Twinkle little star" ? Voilà à quoi elle ressemble :

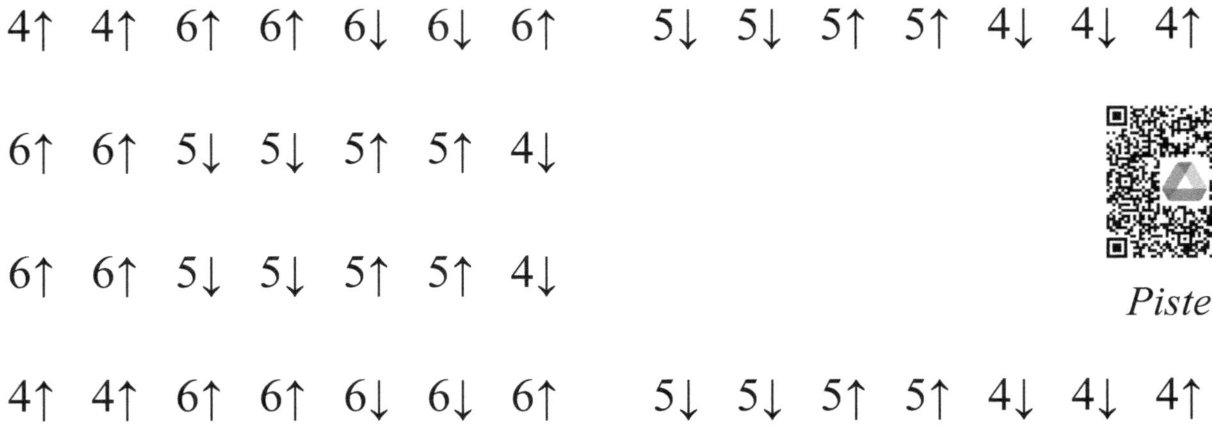

4↑ 4↑ 6↑ 6↑ 6↓ 6↓ 6↑ 5↓ 5↓ 5↑ 5↑ 4↓ 4↓ 4↑

6↑ 6↑ 5↓ 5↓ 5↑ 5↑ 4↓

6↑ 6↑ 5↓ 5↓ 5↑ 5↑ 4↓

Piste 4

4↑ 4↑ 6↑ 6↑ 6↓ 6↓ 6↑ 5↓ 5↓ 5↑ 5↑ 4↓ 4↓ 4↑

C'est la tablature (ou tab en abrégé). Et maintenant, en utilisant notre première mélodie comme exemple, je vais vous donner une méthode pour apprendre rapidement et correctement n'importe quelles chansons et mélodies, ce qui vous sera très utile à l'avenir :

1. Tout d'abord, écoutez la mélodie plusieurs fois (utilisez l'annexe audio de la leçon). À la dernière écoute, regardez la tablature en vous assurant que les notes de la mélodie jouée sont bien notées sur le papier (piste 4).

2. Jouez la mélodie en utilisant la tablature. Jouez lentement au début, en suivant le rythme qui vous convient. (Je tiens à souligner que la tablature est une sorte "d'antisèche", grâce à laquelle nous retrouvons dans le bon ordre les sons que nous devons jouer sur l'instrument. Toutefois, la tablature n'indique pas le schéma rythmique de la mélodie et la durée individuelle de chaque note. Aussi bien la durée des notes que le schéma mélodique doivent être mémorisés lors de l'écoute). Si un son vous semble étrange et que vous avez l'impression d'avoir perdu la mélodie, revenez en arrière et réécoutez la piste.

3. Apprenez la mélodie dans son intégralité et jouez-la de mémoire. Le moyen le plus simple est de diviser la mélodie en plusieurs petites parties, de les mémoriser séparément, puis de les assembler. Je vous recommande de mémoriser des licks et des mélodies. De cette façon, vous ne perdrez pas l'intégrité du morceau. Mais si vous butez sans cesse sur un motif ou une note particulière, vous devrez travailler cette partie de la mélodie séparément, puis tout regrouper à nouveau. Ne repoussez pas les points difficiles à plus tard, ne vous entraînez pas sur vos propres erreurs !

4. Jouez la mélodie avec l'accompagnement, qui est également inclus dans l'annexe audio de la leçon. Le son de la guitare peut vous déconcerter au début, alors n'hésitez pas à jouer d'abord en tablature. Mais ce n'est que lorsque vous aurez tout joué par cœur que vous pourrez dire que vous maîtrisez parfaitement la mélodie.

5. Ne vous laissez pas décourager si vous ne réussissez pas tout de suite. Ce n'est qu'une mélodie, après tout. Si vous ne réussissez pas aujourd'hui, vous réussirez demain. N'oubliez pas de faire des pauses et de vous reposer. Croyez-moi, c'est tout aussi important que la pratique !

Une dernière chose. Les leçons sont classées par thème, mais aussi par difficulté, de la plus simple à la plus complexe. Certaines peuvent être complétées en une heure seulement, d'autres peuvent prendre plusieurs jours.

Gardez cela à l'esprit.

Amusez-vous à maîtriser les gammes et les mélodies. Je me réjouis de vous revoir à la leçon n° 3 !

Leçon 3

Dans cette leçon, nous allons apprendre deux nouveaux morceaux et découvrir également quelques techniques de jeu. À la fin du cours, nous tenterons de jouer notre tant attenue première improvisation !

Comme je l'ai dit plus haut, le but de ce livre est de vous apprendre à improviser. Mais jouer des airs connus reste un élément important de l'apprentissage. Cela vous impose une discipline, vous aide à développer un minimum de rigueur et d'assiduité (qui font souvent défaut chez les jeunes apprenants) et vous donne la joie et la satisfaction des premiers résultats concrets. La pratique de l'harmonica devient alors plus soignée, plus structurée et plus significative. Il ne faut donc pas renoncer complètement à la pratique des mélodies et des chansons, surtout au début l'apprentissage.

Commençons donc par une vieille chanson française "Frère Jacques" (piste 5):

4↑ 4↓ 5↑ 5↑ - répéter

5↑ 5↓ 6↑ - répéter

6↑ 6↓ 6↑ 5↓ 5↑ 4↑ - répéter

4↓ 3↑ 4↑ - répéter

Piste 5

La mélodie entière se compose de seulement 4 licks (ou lignes mélodiques), chacun étant joué deux fois. (J'ai volontairement écrit la mélodie en abrégé, sans dupliquer les licks en tablature. Habituez-vous à abréger pour ne pas vous laisser distraire par une écriture superflue).

En général, la répétition de licks est un phénomène courant en musique, en particulier dans la musique folk. Vous rencontrerez cela régulièrement lorsque vous jouerez des mélodies.

IMPORTANT ! Vos joues vous font mal lorsque vous jouez ? Si c'est le cas, cela signifie que vous les sollicitez alors que ce n'est pas nécessaire. Nous rapprochons nos lèvres pour former un "tube" mais nos joues restent toujours détendues (!). Lorsque nous expirons, elles se gonflent légèrement et lorsque nous inspirons, elles se rétractent. Suivez cette méthode. Jouez devant un miroir pour vous assurer que vos joues ''respirent''.

Voici une autre chanson bien connue qui nous vient des États-Unis. Le célèbre Negro-Spirituals "When the Saints Go Marching In !" (piste 6).

4↑ 5↑ 5↓ 6↑ - répéter

4↑ 5↑ 5↓ 6↑ 5↑ 4↑ 5↑ 4↓

5↑ 5↑ 4↓ 4↑ 4↑ 5↑ 6↑ 6↑ 5↓

5↓ 5↑ 5↓ 6↑ 5↑ 4↑ 4↓ 4↑

Piste 6

Vidéo 3

Passons maintenant à quelques techniques de jeu qui vous permettront de vous familiariser avec les attaques sur les articulations les plus courantes à l'harmonica.

1. Le staccato est un type de phrasé ou d'articulation où les sons sont joués de manière courte et distincte. Dans les partitions ou les tablatures, un son joué en staccato est marqué par un point (dessiné au-dessus ou au-dessous de la note).

Pour obtenir un son staccato, nous aurons besoin du soutien dynamique de notre langue. Essayons de jouer un staccato sur le son soufflé (expiration) du 4e trou. Pour ce cela, nous devons chuchoter "TOOT" en soufflant. Lorsque nous prononçons la lettre "T", notre langue fonctionne comme une soupape d'air, qui accumule d'abord l'air, bloquant sa sortie par la bouche, puis le libère d'une manière nette et vive. C'est ainsi que l'on entend la lettre "T". À l'harmonica, si la langue revient à la position initiale de la lettre "T", on obtient un court son staccato. Si on ne replace pas sa langue, on obtient "Tu-u-u-u", c'est-à-dire un son long avec un début aigu et distinct. (Vidéo 3).

Essayez maintenant de jouer en staccato sur l'inspiration. C'est très similaire. Au début, cela peut vous sembler moins naturel de prononcer une consonne à l'inspiration, mais ce n'est pas très difficile de s'y habituer.

Piste 7

Jouons maintenant une gamme en staccato du 4e au 7e trou. Pour pouvoir bien l'entendre, nous jouerons successivement 4 notes staccato identiques. (Piste 7)

$\dot{4}$↑ $\dot{4}$↑ $\dot{4}$↑ $\dot{4}$↑ $\dot{4}$↓ $\dot{4}$↓ $\dot{4}$↓ $\dot{4}$↓ $\dot{5}$↑ $\dot{5}$↑ $\dot{5}$↑ $\dot{5}$↑ $\dot{5}$↓ $\dot{5}$↓ $\dot{5}$↓ $\dot{5}$↓ $\dot{6}$↑ $\dot{6}$↑ $\dot{6}$↑ $\dot{6}$↑

$\dot{6}$↓ $\dot{6}$↓ $\dot{6}$↓ $\dot{6}$↓ $\dot{7}$↓ $\dot{7}$↓ $\dot{7}$↓ $\dot{7}$↓ $\dot{7}$↑ $\dot{7}$↑ $\dot{7}$↑ $\dot{7}$↑

Si vous êtes capable de jouer une gamme en staccato, on peut considérer que vous avez compris le principe de cette technique d'attaque.

Le contraire du staccato est le legato. Les sons "legato" se succèdent de manière fluide et harmonieuse.

L'harmonica est un instrument de musique mélodieux qui tend naturellement vers le legato. Une utilisation excessive de sons staccato peut donner à votre jeu une sonorité irrégulière, grinçante et même désagréable à l'oreille. Mais sans staccato, l'harmonica perd de sa fougue et de son caractère enjoué. Par ailleurs, vous ne pourriez tout simplement pas jouer plusieurs sons identiques d'affilée dans un tempo modéré à rapide sans staccato... nous utiliserons donc ce type d'attaque de manière avisée.

2. Le Slide (ou plus couramment Glissando). Comme son nom l'indique, il s'agit tout simplement de glisser d'une note à l'autre sur l'instrument. C'est une technique de jeu caractéristique, sans laquelle il serait difficile de concevoir l'harmonica.

Les glissandos se font aussi bien à l'expiration qu'à l'inspiration. Il existe deux types de glissandos :

I. Le glissando au sens strict du terme, c'est-à-dire lorsque nous glissons sur l'harmonica (en soufflant ou en aspirant) de bas en haut, ou de haut en bas à partir d'un trou indéfini, mais en nous arrêtant toujours à un trou précis. En d'autres termes, on glisse vers le son en dessous (plus grave) ou au-dessus (plus aigu). L'important ici est de s'assurer que votre jeu et placement sur le son soit propre pour que votre glissando soit réussi.

Vidéo 5

II. Le Drop off – Ce type de glissando se fait à partir d'une note spécifique, déjà jouée. On laisse sonner la note, puis on glisse "dans le vide", c'est-à-dire sans note finale spécifique et définie. Cela se fait généralement à la fin d'une chanson ou d'un solo.

Pour plus d'informations sur les glissandos, regardez la vidéo de cette leçon (vidéo 5).

Vous savez quoi ? C'est le moment de jouer votre première improvisation ! Oui, nous y sommes, même si vous ne vous sentez pas encore prêt. Il faut bien se lancer un jour et ce jour, c'est maintenant.

Pour commencer, je dois vous révéler le secret le plus important de l'improvisation, que vous n'entendrez nulle part ailleurs. Alors ATTENTION !

Vous devez lancer le morceau de musique que vous avez choisi pour l'improvisation (il se trouve dans la vidéo jointe à cette leçon), prendre votre harmonica... et commencer à jouer n'importe quoi ! Peu importe. Déplacez simplement votre harmonica tout en changeant votre respiration (souffler ou aspirer). Faites des slides (glissando) et des staccatos où vous le souhaitez. Jouez les sons et appréciez les résultats. C'est cela la véritable improvisation, lorsque vous commencez à jouer et que vous ne savez pas ce que vous allez obtenir. L'essentiel est d'essayer d'en faire quelque chose de beau. Pour cela, il vous suffit de bien atteindre les notes choisies au hasard pour qu'elles sonnent de façon claire et nette. Même si la moitié des sons sont doublés ou triplés, ce n'est pas grave. Il n'est pas toujours nécessaire de jouer une seule note à la fois. Il est IMPORTANT de ne pas avoir peur de se tromper. En réalité, il est presque impossible de se tromper de note à l'harmonica, car il s'agit d'un instrument diatonique. Pour simplifier, il s'agit d'un instrument à une seule gamme. Si la tonalité de la chanson correspond à la tonalité de votre harmonica (et dans l'annexe de la leçon, tout correspond exactement), il est tout simplement impossible de se tromper. Tous les sons de votre harmonica correspondent exactement à ceux des chansons.

Une dernière petite étape. J'appelle cela "la gamme chaotique".

Jouez l'harmonica, du 1er au 10e trou, en changeant votre respiration comme si vous jouiez une gamme, mais rapidement et sans penser aux trous que vous attaquez. Il suffit de souffler, aspirer, souffler, aspirer, aspirer, souffler, aspirer et ainsi de suite jusqu'au 10e trou. (Piste 8).

1 ↑↓↑↓↑↓↑↓↑↓↑↓↑↓↑↓↑↓↑↓↑↓ 10

Piste 8

Formidable ! Vous avez maintenant appris à modifier votre respiration pour jouer de manière aléatoire. Vous êtes prêt. Regardez la vidéo et amusez-vous bien avec votre première improvisation ! (Vidéo 10)

Vidéo 10

Leçon 4

Nous allons voir quelques nouvelles mélodies écrites en mesure ¾. En clair, c'est la signature temporelle de la valse. "Om-pah-pah, om-pah-pah." Ne perdez pas de vue cette indication de mesure lorsque vous jouez ces morceaux.

Commençons par une chanson populaire allemande, qui fut probablement jouée à l'harmonica depuis les premiers temps de cet instrument. Il serait dommage de passer à côté.

1. "Oh, My Dear Augustin" (Piste 9)

6↑ 6↓ 6↑ 5↓ 5↑ 4↑ 4↑ 4↓ 3↑ 3↑ 5↑ 4↑ 4↑

6↑ 6↓ 6↑ 5↓ 5↑ 4↑ 4↑ 4↓ 3↑ 3↑ 4↑

4↓ 3↑ 3↑ 5↑ 4↑ 4↑ - répéter

6↑ 6↓ 6↑ 5↓ 5↑ 4↑ 4↑ 4↓ 3↑ 3↑ 4↑

Piste 9

Une fois que vous aurez acquis une certaine confiance dans votre jeu, essayez de jouer le premier son de la première, deuxième et dernière lignes (6↑) comme un glissando, et à partir du dernier long son de la mélodie (4↑), faites un glissando de type drop off. Vous verrez à quel point 4 glissandos seulement transforment la mélodie, renforçant ainsi la sonorité folklorique allemande. Et de fait, le glissando est une technique musicale très expressive.

2. La deuxième mélodie vous préparera à l'éternelle question de savoir quoi offrir à vos amis et à votre famille pour leur anniversaire et ce, pour toute l'année ! Cette fois-ci, vous aurez l'occasion d'interpréter cette célèbre mélodie : (piste 10). "Happy Birthday to you"

6↑ 6↑ 6↓ 6↑ 7↑ 7↓

6↑ 6↑ 6↓ 6↑ 8↓ 7↑

6↑ 6↑ 9↑ 8↑ 7↑ 7↓ 6↓

9↓ 9↓ 8↑ 7↑ 8↓ 7↑

Piste 10

Observez bien la troisième ligne et les trois sons soufflés d'affilée (9↑ 8↑ 7↑). Ils doivent être joués en un seul souffle, en déplaçant rythmiquement l'harmonica pour avoir les lèvres sur le bon trou. Faites de même avec les deux inspirations suivantes (7↓ 6↓), pour obtenir des sons doux et lisses.

Voyons maintenant deux autres techniques pour jouer l'harmonica :

1. Trille. Élément clé dans la technique de l'harmonica, le trille consiste à alterner rapidement deux sons voisins, qui fusionnent ainsi en un son vibrant et dynamique. Dans la mesure où l'on peut jouer deux sons à la fois dans chaque trou (l'un en soufflant, l'autre en aspirant), il existe ainsi 2 types de trille à l'harmonica :

I. Trille sur un trou. Il s'agit d'une alternance très rapide des sons sur un seul trou. Si vous alternez ces deux sons en soufflant et en aspirant normalement, vous n'obtiendriez pas de trille, car il est impossible de changer de respiration aussi rapidement qu'il est nécessaire pour obtenir un trille. Pour que cela fonctionne, vous devez jouer comme si vous aspiriez et souffliez uniquement par la bouche, sans faire appel à vos poumons. C'est un véritable défi que d'essayer de l'expliquer à l'écrit. C'est plus facile à comprendre avec une démonstration. Suivez le lien vers la vidéo où je vous explique et montre en détails les deux types de trille. (Vidéo 6).

Vidéo 6

II. Trille sur deux trous voisins. Avec ce type de trille, on alterne rapidement deux sons à l'inspiration ou à l'expiration des trous voisins. C'est-à-dire qu'il n'est pas nécessaire de changer de respiration. Il vous suffit de déplacer rapidement la tête d'un trou à l'autre. Pour ce faire, il faut bien fixer l'instrument dans ses mains, le porter à ses lèvres et commencer très rapidement à tourner la tête de gauche à droite, comme pour secouer la tête : "non, non, non", tout en soufflant ou en aspirant. (Ce trille est également montré en détail dans la vidéo mentionnée ci-dessus).

2. La deuxième technique, ou devrais-je dire effet sonore, que nous aborderons dans cette leçon est celui dit du "Wah-Wah". C'est un son que vous avez probablement déjà entendu, notamment dans les westerns et le Delta blues. En utilisant l'effet wah-wah, vous pouvez accentuer des sons individuels étirés ou des accords, leur donnant un caractère "larmoyant". Dans les westerns, le "wah-wah" est souvent joué tout au long de la mélodie, parodiant ainsi l'harmonica trémolo. Quoi qu'il en soit, cet effet se crée exclusivement avec les mains. À l'aide de nos paumes, nous créons une caisse de résonance autour de l'arrière de l'harmonica, que nous ouvrons et fermons alternativement avec notre main droite.

Vidéo 4

Là encore, cela est plus facile sous forme de démonstration, alors suivez le lien vers la vidéo (Vidéo 4)

Au terme de cette leçon, nous improviserons à nouveau. Cette fois, nous appliquerons toutes les compétences et les techniques (Glissando, staccato, legato, trilles et wah-wah). (Vidéo 11)

Vidéo 11

Leçon 5

Vidéo 13

Cette fois-ci, nous allons commencer par l'improvisation. Je suis sûr que certains d'entre vous ont trouvé cela un peu difficile la dernière fois. Regardons donc de plus près l'improvisation de la leçon précédente (vidéo 13).

Vous êtes-vous bien échauffé sur l'improvisation ? C'est très bien ! Maintenant, continuons à améliorer notre technique.

Aujourd'hui, nous allons commencer par interpréter les deux premiers morceaux de notre répertoire ("Twinkle, Twinkle Little Star" et "Frères Jacques") à l'octave supérieure. La dernière mélodie que nous avons apprise, comme vous vous en souvenez, est jouée à l'octave supérieure. Mais toutes les autres peuvent être également transposées à l'octave supérieure.

Pour ce faire, il suffit de commencer à les jouer non pas à partir du 4e, mais du 7e trou. Rien d'autre ne change. Là où il y avait des sons aspirés dans la mélodie, les sons restent aspirés ; là où les sons étaient soufflés, ils restent soufflés.

MAIS PAS SI VITE ! Il y a un petit hic. Vous vous souvenez que des trous 7 à 10, les sons aspirés viennent en premier lorsque nous jouons des gammes ? C'est un point important. Dans l'octave supérieure, les sons aspirés avancent d'un trou. Cela affectera également les morceaux que vous jouerez. Vous devrez jouer les sons aspirés un trou plus haut que vos sons soufflés.

Prenons par exemple la première ligne de "Twinkle, twinkle little star".

Nous la jouions ainsi : 4↑ 4↑ 6↑ 6↑ 6↓ 6↓ 6↑. Les deux seuls sons aspirés dans cette ligne se trouvent sur le même trou que les deux sons soufflés qui précédent, à savoir au 6e trou.

Dans l'octave supérieure, cette ligne est jouée comme suit :

7↑ 7↑ 9↑ 9↑ 10↓ 10↓ 9↑. Vous voyez ? Les sons soufflés sont au même endroit que dans l'octave principale (des deux premiers sons soufflés, on saute aux deux autres à travers un trou, rien ne change ici). En revanche, les sons aspirés ne se jouent pas sur le même trou que les sons soufflés, mais un trou plus haut. Et puis pour le dernier son soufflé, on redescend à nouveau d'un trou.

Piste 11

Ainsi, lorsque l'on joue dans l'octave supérieure, il faut ''corriger'' tous les sons aspirés de la mélodie en les décalant d'un trou.

Essayez maintenant de jouer des mélodies à l'octave supérieure. J'ai fait exprès de ne pas vous écrire les tablatures. Il me semble important que vous le fassiez à l'oreille et au feeling, sinon vous ne maîtriserez pas la transposition. Écoutez l'audio (piste 11) pour entendre à quoi cela doit ressembler. Après cela, essayez de jouer la mélodie. Et N'OUBLIEZ PAS : vous ferez encore des erreurs de temps en temps ! Moi aussi, je fais presque toujours des erreurs en transposant une mélodie apprise, mais je me corrige très vite et personne ne s'en aperçoit !

Lorsque l'on joue à l'octave supérieure, le principal est de pouvoir se reprendre rapidement. Si le son aspiré sonne faux, cela signifie que vous l'avez simplement joué plus bas qu'il ne fallait. Remontez rapidement d'un trou et personne ne remarquera l'erreur, car l'erreur se transformera en un magnifique petit glissando… C'est juste un petit conseil de ma part.

"Frères Jacques" débutera de la même manière en soufflant sur le 7e trou. Ensuite, aspirer au 8e trou... et vous pourrez continuer tout seul à partir de là. Voici la piste : (Piste 11a)

Piste 11a

La nouvelle technique de jeu que nous allons apprendre aujourd'hui est le vibrato.

Le vibrato est un changement oscillatoire de l'intensité, de la hauteur ou de la tonalité du son d'un instrument, qui se traduit par une oscillation ou une vibration sonore.

À quoi servent les vibrations ? Le fait est que les sons étirés et sans relief ne sont pas agréables à l'oreille à cause de leur caractère monotone. Mais si vous ajoutez un peu de vibrato à un son étiré, vous pouvez l'écouter pendant des heures sans vous lasser. Cela relève de notre physiologie. Nous percevons la vibration du son comme quelque chose de plaisant, de convaincant et d'expressif. Et de fait, la vibration est une technique tellement expressive qu'elle peut transformer la plus simple des mélodies en chef-d'œuvre (et je n'exagère pas).

La technique du vibrato est utilisée dans presque tous les instruments de musique, lorsque cela est possible. Certains instruments ne le permettent pas d'un point de vue technique. C'est le cas du piano (droit ou à queue). Certains instruments ne peuvent produire qu'un seul type de vibrato là où d'autres peuvent vibrer de deux voire trois manières différentes. À cet égard, l'harmonica est l'instrument parfait. En effet, il existe au moins 4 façons de créer un vibrato à l'harmonica (peut-être même plus). Pour ma part, je n'en utilise que trois que je vais partager avec vous :

1. Vibrato manuel (crée exclusivement avec les mains)
2. Le vibrato de ventre ou de diaphragme
3. Vibrato de gorge.

Dans cette leçon nous aborderons uniquement le premier type de vibrato.

1. Il existe deux types de vibrato manuel :

I. Le Vibrato main gauche. C'est le vibrato de base. Le son est doux, clair et sa vitesse est facile à contrôler et à modifier, car seule la main gauche tient l'instrument.

Pour faire vibrer le son de cette façon, soufflez longuement et de manière constante dans n'importe quel trou (par exemple, dans le 4e trou) et dans le même temps, commencez à faire balancer l'harmonica avec votre main gauche de façon à ce que le trou "roule" sur votre lèvre inférieure (à l'intérieur de la lèvre inférieure). Chaque fois que vous abaissez l'harmonica, celui-ci sonnera moins fort, et lorsque vous reviendrez à la position initiale, il reprendra son volume initial. Le contraste de volume donnera cette impression de vibration.

La raison en est que, lorsque vous déplacez l'harmonica vers le bas, le trou à partir duquel vous aspirez actuellement le son est partiellement bloqué par le côté intérieur, légèrement inversé de la lèvre. À ce moment-là, moins d'air pénètre dans l'harmonica et le son est donc moins fort. En revenant à la position initiale, le flux d'air en direction de la lamelle métallique du trou est rétabli et on entend le son avec le même volume initial.

Vidéo 7

Encore une fois, en pratique, tout est beaucoup plus simple et clair que sur papier, alors suivez le lien vers la vidéo où j'évoque tous les types de vibrato, et vous propose une analyse plus détaillée des vibratos manuels (vidéo 7).

II. Le Vibrato main droite. Ce type de vibrato était très apprécié par Sonny Boy Williamson II. Regardez ses performances live des années 50 et 60.

Pour ce type de vibrato, l'instrument reste dans la main gauche, mais la main droite est posée à l'arrière de l'harmonica, sur un ou plusieurs doigts (généralement le majeur) au dos de l'harmonica. Par de petits mouvements saccadés, on commence à pousser l'harmonica vers les lèvres. Il en résulte une sorte de vibration saccadée, de faible amplitude. Cela ne convient pas aux morceaux lyriques et aux belles notes prolongées, mais c'est tout à fait adapté pour ajouter une tension bluesy au son de l'harmonica. Pour en savoir plus sur ce type de vibrato, consultez la vidéo 7.

Vidéo 12

Pour finir, et après avoir pratiqué le vibrato en aspirant et en soufflant sur différents trous, il est temps de le mettre en pratique dans une improvisation. Suivez le lien (vidéo 12).

À bientôt pour une prochaine leçon !

Leçon 6

Il n'y a pas beaucoup de théorie dans cette leçon, puisqu'elle sera plutôt dans le prolongement de la leçon précédente sur la transposition et le vibrato et dans laquelle nous avons déjà abordé les points théoriques de base. Alors trêves de bavardage et passons plus à la pratique !

I. Nous allons transposer deux autres morceaux à l'octave supérieure, en gardant à l'esprit la nécessité des ajustements liés à la respiration :

"Oh, When The Saints Go Marchin' In !" : On commence par le 7e trou, puis on souffle dans le 8e… Essayer de continuer tout seul en consultant la piste audio (piste 12).

Piste 12

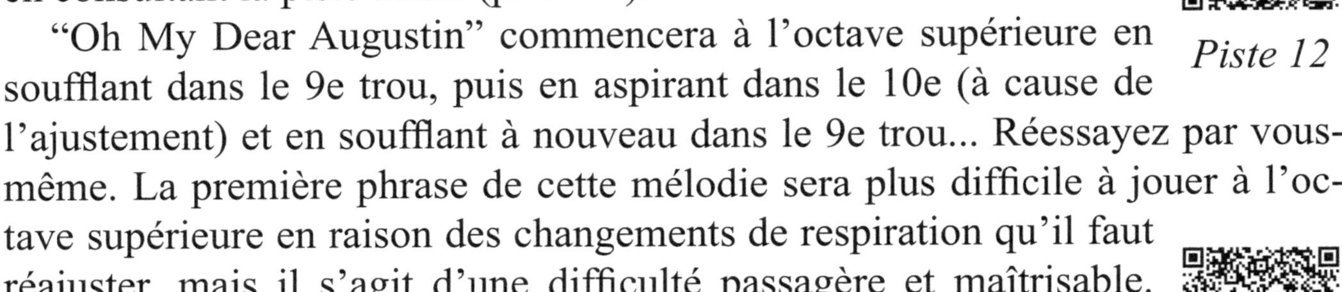

"Oh My Dear Augustin" commencera à l'octave supérieure en soufflant dans le 9e trou, puis en aspirant dans le 10e (à cause de l'ajustement) et en soufflant à nouveau dans le 9e trou... Réessayez par vous-même. La première phrase de cette mélodie sera plus difficile à jouer à l'octave supérieure en raison des changements de respiration qu'il faut réajuster, mais il s'agit d'une difficulté passagère et maîtrisable. Alors, écoutez bien la piste (piste 13) et jouez.

Piste 13

II. Nous consacrerons la deuxième partie de la leçon au vibrato de ventre ou de diaphragme

L'idée de ce vibrato est que nous envoyons de l'air dans l'harmonica lorsque nous soufflons (ou aspirons à l'inspiration) sous forme de vague, c'est-à-dire plus fort ou moins fort. L'instrument émet alors un son plus ou moins fort et nous entendons la vibration.

Essayez de faire un vibrato en soufflant d'abord, par exemple, dans le 4e trou. Commencez à souffler et essayez d'augmenter et de diminuer le son par vague. IMPORTANT ! Veillez à ne solliciter que le diaphragme pour "pousser" le flux d'air. On utilise la partie supérieure de l'abdomen (diaphragme) pour pousser l'air par vagues. On ne presse pas le flux d'air avec notre gorge et on ne fait rien avec les mains. Seule la respiration ventrale et le mouvement du diaphragme sont sollicités.

Une fois que vous aurez appris à manier le vibrato en soufflant, faites-le en aspirant. Tout ce qu'il faut savoir sur ce type de vibrato se trouve dans la vidéo (vidéo 8).

Vidéo 8

J'espère que vous avez réussi ! En général, le vibrato et le trille sont des techniques qui doivent être pratiquées séparément. Prenez le temps de bien les travailler. Vous ne pourrez pas maîtriser des techniques de jeu aussi riches du jour au lendemain. Mais vous n'avez pas non plus besoin de passer de longues heures à les perfectionner. Dès que vous sentez à l'aise avec ces techniques, mettez-les immédiatement en pratique. Reprenons la vidéo que nous connaissons bien, où nous avons improvisé le premier type de vibrato. Travaillons maintenant à perfectionner le deuxième type de vibrato (vidéo 12).

Vidéo 12

Voici un dernier petit conseil sur le vibrato. Lorsque vous jouez, le tempo du vibrato doit être plus rapide que le tempo de la musique. Le vibrato doit sembler un peu en avance, dépassant le tempo de la mélodie ou du morceau instrumental que vous jouez. C'est un point important. Si le "battement" ondulatoire de la vibration coïncide avec le tempo du morceau, le vibrato se transformera en des sons rythmiques séparés. Faites attention à cela lorsque vous écoutez comment d'autres musiciens et moi-même exécutons le vibrato et essayez de faire de même.

Bonne chance et à bientôt pour la prochaine leçon !

PARTIE II

𝄞 TROISIÈME POSITION "DOUBLE CROSS HARP" - MODE DORIEN 𝄞

Leçon 7

Les trois prochaines leçons porteront principalement sur la 3e position de l'harmonica (appelée également "double cross harp"). C'est la position du mode dorien.

Il convient de préciser ici que l'harmonica a trois positions fondamentales :

I. La première position, dite majeure. Toutes les leçons précédentes lui étaient consacrées. Nous avons joué dans la tonalité de Do majeur qui correspondait à la tonalité d'accordage de notre instrument. Toutes les chansons et improvisations étaient dans cette tonalité. Cette position est utilisée pour jouer des mélodies simples en tonalité majeure dans la musique folk et country, la musique allemande et toute autre musique folk européenne.

II. La deuxième position, ou position blues. Dans cette position, nous jouons du blues (en tonalité majeure), de la country, du funk, du rock et du rock and roll. Cette position sur l'harmonica est également appelée "cross harp", car les tonalités du morceau de musique et de l'harmonica utilisé ne sont pas identiques. Ainsi, l'harmonica en C (Do) peut être utilisé pour jouer des morceaux en tonalité G (Sol). Nous en discuterons dans la troisième partie du livre.

La deuxième position est probablement la plus utilisée et la plus populaire de toutes. Je suis sûr que vous aussi avez choisi l'harmonica après l'avoir entendu jouer dans cette position. Cependant, aussi captivante soit-elle, cette position est également difficile à maîtriser. C'est pourquoi nous l'aborderons après la troisième position qui, elle, est beaucoup plus facile à apprendre.

III. La troisième position, parfois appelée position du mode dorien, ou “double cross harp”. Elle est utilisée pour jouer des mélodies tristes en gamme mineure, ainsi que du blues mineur et de la musique celtique et scandinave.

Il est tout à fait pertinent d’apprendre dès à présent les tonalités mineures, après s’être familiarisé avec la majeure, dans laquelle nous avons joué tous les morceaux jusque-là. C’est d’autant plus judicieux que la leçon n’est pas très difficile et que nous n’y consacrerons pas beaucoup de temps. D’autre part, contrairement à de nombreux musiciens, nous aurons accès à tous les morceaux en mode mineur ! Beaucoup de gens qui se mettent à l’harmonica s’enlisent dans la deuxième position et ne parviennent jamais à atteindre la troisième position.

Commençons par jouer la gamme du mode dorien (qui est par définition une gamme mineure). Cela nous plongera immédiatement dans une sonorité mineure qui, j’en suis sûr, vous surprendra beaucoup. Vous vous direz : “Comment un instrument si gai peut-il “pleurer” aussi tristement ?” Pourtant, c’est possible ! Il n’y a qu’un pas entre la tristesse et la joie. Et dans notre cas, il suffit d’un seul ton. La gamme du mode dorien commence, comme n’importe quelle gamme majeure, au 4ème trou, non pas en soufflant, mais en aspirant. Elle commence ainsi par le son Ré. Regardez : (piste 14):

4↓	5↑	5↓	6↑	6↓	7↓	7↑	8↓
ré	mi	fa	sol	la	si	do	ré

Piste 14

Il se trouve que nous jouons le mode dorien sur l’harmonica en C (Do) dans la tonalité Ré mineur. Par conséquent, les morceaux en mineur que nous pouvons jouer sur notre harmonica seront également une tonalité plus haut que l’instrument, c’est-à-dire en Ré mineur.

Jouez la gamme plusieurs fois du 4e au 8e trou et inversement. Les sons principaux de la gamme, qui définissent la tonalité et le son mineur (joués ensemble, ils forment un accord mineur), se jouent en aspirant. Jouez-les séparément :

4↓	5↓	6↓	8↓		8↓	6↓	5↓	4↓
ré	fa	la	ré		ré	la	fa	ré

Cela signifie que lorsqu'on joue des mélodies et des improvisations en 3e position, il faut "s'appuyer" sur l'inspiration plutôt que sur l'expiration. La plupart des licks commenceront et se termineront par des sons aspirés (pas tous, mais la plupart). Pour s'en rendre compte, nous allons apprendre une chanson irlandaise qui parle d'un marin ivre (Piste 15) : ''Drunken sailor'':

Piste 15

$\dot{6}$↓ $\dot{6}$↓ $\dot{6}$↓ $\dot{6}$↓ $\dot{6}$↓ $\dot{6}$↓ $\dot{6}$↓ 4↓ 5↓ 6↓

$\dot{6}$↑ $\dot{6}$↑ $\dot{6}$↑ $\dot{6}$↑ $\dot{6}$↑ $\dot{6}$↑ $\dot{6}$↑ 4↑ 5↑ 6↑

$\dot{6}$↓ $\dot{6}$↓ $\dot{6}$↓ $\dot{6}$↓ $\dot{6}$↓ $\dot{6}$↓ $\dot{6}$↓ 7↓ 7↑ 8↓ 7↑ 6↓ 6↑ 5↑ 4↓ 4↓

/6↓ /6↓ /6↓ 4↓ 5↓ 6↓

/6↑ /6↑ /6↑ 4↑ 5↑ 6↑

/6↓ /6↓ /6↓ 7↓ 7↑ 8↓ 7↑ 6↓ 6↑ 5↑ 4↓ 4↓

Comme nous pouvons le voir, la mélodie comporte à la fois du staccato et des glissandos. A la fin des premières phrases de chaque refrain, on joue "4,5,6" d'abord en aspirant, puis en soufflant. Il est important de les jouer sur un seul souffle, legato (en aspirant ou en soufflant longuement tout en déplaçant l'harmonica pour s'arrêter au trou souhaité).

Comme d'habitude, à la fin de notre leçon, je vous propose une improvisation en gamme mineure. Suivez le lien (vidéo 14) et rejoignez-moi pour jouer du blues mineur.

Vidéo 14

Bonne chance ! Dans la prochaine leçon, nous continuerons notre découverte du mode mineur.

Leçon 8

Cette leçon est presque entièrement consacrée à une technique d'harmonica très importante, dont la maîtrise est indispensable pour jouer en 2e position. Même la troisième position mineure serait monotone et ennuyeuse sans elle, surtout lorsqu'il s'agit de blues. Cette technique s'appelle communément le bending (ou altération). C'est la première fois que nous en parlons, même si je l'utilise déjà dans nos improvisations.

Piste 16

Un bend (à l'harmonica) est un abaissement de la hauteur du son que l'on est en train de jouer, sans changer ni le souffle ni le trou. Ce son peut être doux, étiré et sans hauteur définie. Ce type de bending permet d'ajouter un sentiment de tristesse et de mélodicité (piste 16). Mais un bend peut aussi sonner de manière plus nette et précise. Avec un tel bend, vous pouvez jouer une note qui ne fait pas initialement partie de l'harmonica, mais qui est nécessaire pour une mélodie ou un lick (piste 17).

Piste 17

Le bending à l'harmonica sur les trous 1 à 6 s'effectue sur les notes aspirées. Sur les trous 7 à 10, il s'effectue sur les notes soufflées. Aujourd'hui, nous allons nous intéresser plus particulièrement au bend aspiré.

Pour faire un bend (reprenons ici à partir du 4e trou) il faut, tout en jouant le son aspiré, modifier la position de votre langue de manière à ce que le bout de la langue touche les gencives des dents de devant de la mâchoire inférieure (à l'intérieur, évidemment), et que la "courbure" de la langue soit ainsi plaquée contre le palais, créant un obstacle au passage de l'air. Cette position de la langue est similaire à celle où l'on prononce la lettre "h" dans le mot "here", sauf que dans le bending, on fait un très long "h-h-h-h-h-h-h" aspiré, en pinçant les lèvres, en abaissant la mâchoire inférieure et en inclinant l'harmonica vers la lèvre inférieure (figure 4).

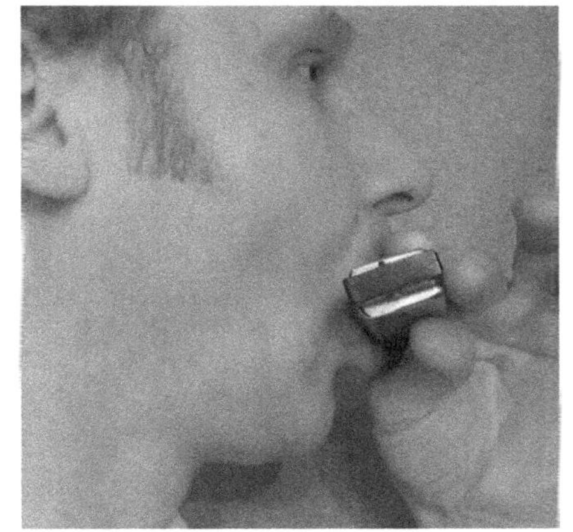

Figure 4

Vidéo 17

Je sais que c'est difficile à comprendre sans vidéo, alors regardez et répétez (vidéo 17).

Faites maintenant un bend sur chaque trou du 1er au 6e. Sautez le 5e trou, sinon vous risquez de vous retrouver avec une anche cassée, auquel cas vous devrez trouver un autre harmonica. Jouez d'abord un son clair en soufflant, puis abaissez-le avec un bend, puis revenez au son "clair" (piste 18).

(1↓ 1↡ 1↓) (2↓ 2↡ 2↓) (3↓ 3↡ 3↓) (4↓ 4↡ 4↓) (6↓ 6↡ 6↓)

Piste 18

Il faut du temps pour maîtriser le bend. Pratiquez-le régulièrement, en essayant d'abaisser le son de plus en plus, rendant ainsi le bend "plus profond". Essayez bien sûr de l'utiliser régulièrement, notamment en improvisation. Reprenez la vidéo de la leçon précédente et essayez d'appliquer des bends sur les 4e et 6e trous (Vidéo 14).

Vidéo 14

Après quoi, vous pourrez rechercher tout seul des pistes d'accompagnement en Ré mineur et improvisez dessus. Ce sera votre première expérience en totale autonomie musicale. Le moyen le plus simple de trouver des morceaux sur YouTube est de taper simplement : Blues en ré mineur, Slow blues en ré mineur, Funk en ré mineur, Swing en ré mineur, Soft rock en ré mineur etc. Vous trouverez un grand nombre de pistes d'accompagnement dans cette tonalité. Vous pourrez alors vous entraîner à improviser, en utilisant toutes les techniques de jeu de votre arsenal déjà bien riche.

Bonne chance!

Leçon 9

Faisons un bref récapitulatif de ce que nous avons appris jusqu'à présent à partir de toutes les thématiques que nous avons couvertes.

Dans la première partie du livre, nous avons :

- Appris à jouer dans une tonalité majeure.
- Compris la gamme majeure sur deux octaves.
- Appris plusieurs morceaux et les avons transposés à l'octave supérieure (la plus aiguë).
- Découvert et appris des techniques et des effets de jeu tels que : le staccato, le glissando, deux types de vibratos, deux types de trilles.
- Découvert le secret de l'improvisation et appris ses bases.

La seule chose que nous n'avons pas encore abordée est la manière de jouer la gamme à l'octave inférieure (la plus grave). Nous allons donc y remédier.

Tout d'abord, essayez de jouer tous les sons un par un dans l'octave grave. Voici ce que vous obtiendrez (piste 19):

1↑	1↓	2↑	2↓	3↑	3↓	4↑
do	ré	mi	sol	sol	si	do

Piste 19

Cela ne ressemble pas beaucoup à une gamme, n'est-ce pas ?

Les notes Fa et La sont manquantes et le Sol apparaît deux fois.

La technique du "bend" que nous avons apprise dans la dernière leçon nous aidera à produire les notes manquantes et la gamme sonnera exactement comme elle le devrait (piste 20):

1↑	1↓	2↑	2↓̸	2↓	3↓̸	3↓	4↑
do	ré	mi	fa	sol	la	si	do

Piste 20

(Il faut faire un bend très profond dans le 2e trou pour obtenir le son Fa. Il faut sauter le son soufflé du 3e trou pour éviter de dupliquer la note Sol).

Pour jouer la gamme à l'envers, vous devrez modifier un peu votre technique de jeu pour faciliter l'exécution de la gamme. Ici, il sera préférable de jouer le son soufflé au 3e trou, de sauter le son aspiré du 2e trou. Autrement dit, après avoir soufflé dans le 3e trou, nous faisons directement un bend profond au 2e trou (piste 21) :

4↑	3↓	3↓̸	3↑	2↓̸	2↑	1↓	1↑
do	si	la	sol	fa	mi	ré	do

Piste 21

Voilà ! Vous savez maintenant comment jouer la gamme de l'octave grave et nous pourrons également l'utiliser ! D'ailleurs, votre son aspiré au 2e trou est-il bon ? Vous obtenez un son clair, ou comme pour la plupart des gens, ce n'est pas le cas ? Si vous obtenez un bend parasite à la place d'une note claire et que vous ne savez pas quoi faire, alors cette vidéo est faite pour vous : (vidéo 18)

Vidéo 18

Ajoutons encore une autre astuce de jeu à votre palette de compétences et de techniques d'improvisation dans la tonalité majeure. Je l'appelle le "Looper". Il s'agit d'une astuce très répandue, qui consiste essentiellement en une répétition naturelle d'une phrase jouée spontanément. Il serait probablement long et inutile de la décrire par écrit– cela n'aurait pas beaucoup de sens de toute façon. Ces choses-là exigent une démonstration (vidéo 19).

Vidéo 19

Dans la deuxième partie de ce livre, plus compacte, consacrée à la 3e position ("double cross harp"), voici ce que nous avons appris :

• Les trois positions fondamentales de l'harmonica.

• Le mode dorien et son principe de jeu (c'est la gamme la plus courante pour jouer en tonalité mineure à l'harmonica).

• Les cas d'utilisation de la troisième position.

• Jouer une première mélodie dans une tonalité mineure.

• Une technique de bend fondamentale sur un son aspiré et son application en improvisation. Dans notre présente leçon, nous l'avons également appliqué à la gamme majeure de l'octave grave.

Voici quelques précisions sur la troisième position :

Nous n'avons joué le mode dorien que sur une octave, du 4e au 8e trou. En effet, le mode dorien n'a pas sa ''place'' dans l'octave supérieure, mais cela ne veut pas dire que nous n'utilisons pas les sons des trous 8 à 10 dans cette position. C'est tout à fait possible ! L'harmonica sonne très bien en mineur dans les aigus, même si la gamme ne va pas jusqu'au bout. N'hésitez pas à jouer vos improvisations mineures en utilisant tous les trous du 4e au 10e.

Par contre, il vaudrait mieux ne pas descendre à l'octave grave pour le moment. Bien que le 1er trou puisse sonner correctement, les 2e et 3e trous sont dépourvus des sons les plus importants de la gamme mineure, à savoir le Fa et le La. Certes, vous pouvez les produire avec des bends, mais le son sera déformé et écrasé, surtout en arrière-fond de tous les autres sons de la gamme. Pour l'instant, évitez de descendre à l'octave inférieure avec une mineure. Vous n'en tirerez pas grand-chose de satisfaisant.

Alors que nous terminons cette leçon récapitulative, je tiens à mentionner que dans certaines chansons ou morceaux instrumentaux, la tonalité peut changer en cours de jeu. C'est ce qu'on appelle la **"modulation".** Par exemple, une chanson peut monter d'un demi-ton ou d'un ton à chaque nouveau couplet. Parfois, cela ne se produit qu'une seule fois, généralement quelque part avant le dernier couplet de la chanson. Que faire si vous commencez à apprendre ce morceau ? Il vous suffira de changer votre harmonica (que vous aurez préparé en avance) en cours de route, en prenant l'instrument nécessaire dans la bonne tonalité. Si vous ne disposez pas d'un tel harmonica, faites simplement une pause dans votre jeu dès que vous entendez une modulation. Il n'y a malheureusement pas de troisième option.

Mais il peut aussi arriver que la tonalité alterne, et fasse un va-et-vient entre une majeure et une mineure, par exemple. S'il s'agit d'une alternance entre le Do majeur et le Ré mineur dorien, alors votre harmonica convient parfaitement. Et de fait, nous avons déjà joué cette mélodie ! C'était "Drunken Sailor". Vous vous en souvenez? La deuxième ligne de chacun de ses deux refrains était en Do majeur.

Maintenant, pratiquons cette improvisation avec un changement de tonalité de Do à Ré mineur. Nous avons une vidéo spéciale pour cela (vidéo 16).

Vidéo 16

Cher(e) ami(e) ! Si vous avez suivi et accompli à la lettre toutes les étapes de l'apprentissage de l'harmonica et parcouru tous les documents audio et vidéo, alors je tiens à vous féliciter : vous jouez déjà de l'harmonica et vous le faites bien ! Vous être en train d'atteindre l'objectif de votre formation. Vous pouvez d'ores et déjà prendre du plaisir à jouer de votre instrument et à en faire profiter les autres également. Il ne vous reste plus qu'à vous améliorer davantage et à vous perfectionner, notamment grâce à l'apprentissage de la deuxième position ("cross harp"). La troisième partie de notre livre lui sera donc consacrée.

PARTIE III

𝄞 DEUXIÈME POSITION "CROSS HARP" - POSITION BLUES 𝄞

Nous voici arrivés à la 2e position (appelée également "cross harp") ou dans le jargon populaire, la "position blues" de l'harmonica. Dans ce livre, nous traiterons principalement de la composante musicale et technique du blues et de la sonorité blues. Après tout, vous n'avez peut-être pas tous envie de jouer du blues. Dans votre apprentissage, vous êtes obligés de passer par le blues uniquement parce qu'il constitue la base harmonique et rythmique de presque tous les genres musicaux populaires et qu'il a sans aucun doute imprégné, ne serait-ce que partiellement, toutes les musiques du monde. Mais là encore, il y a ceux pour qui apprendre à jouer du blues était et reste encore l'objectif principal. Pour rendre le livre accessible à un public plus large, j'ai décidé de laisser de côté le volet philosophique du blues. Vous pourrez, si vous le souhaitez et de manière personnelle, approfondir vos connaissances sur ce style. Il existe suffisamment de littérature et de films sur le sujet. Cherchez, écoutez, regardez. Si le blues est vraiment votre genre musical préféré, il trouvera son chemin jusqu'à vous.

Leçon 10

Comme je l'ai mentionné plus, la 2e position "cross harp" est la raison pour laquelle beaucoup d'entre vous ont décidé d'apprendre à jouer de l'harmonica. Il était impossible de la maîtriser tout de suite, dans la mesure où vous ne pouviez pas jouer une gamme en 2e position sans maîtriser d'abord la technique du bending. Voici comment se présente la gamme (piste 22) :

2↓	3↓̸	4↑	4↓̸	4↓	5↓	6↑
sol	si♭	do	ré♭	ré	fa	sol

Piste 22

Comme vous pouvez le voir sur le premier son, il s'agit d'une gamme de blues dans la tonalité de Sol. **En effet, nous jouons la gamme de blues en tonalité de Sol sur un harmonica en tonalité de Do.** De ce fait, les blues que nous jouerons seront tous dans la tonalité de Sol.

Il n'y a que 6 notes dans la gamme du blues, et non 7, comme on a eu l'habitude de voir dans les deux autres gammes. Par ailleurs, presque toutes ces notes sont jouées en aspirant, dont deux à l'aide d'un bend. Cela abaisse ainsi d'un demi-ton les notes Si et Ré pour obtenir respectivement Si♭ et Ré♭. Pour pouvoir jouer le son abaissé par le bend en une seule fois, il est nécessaire, avant d'aspirer, de former une "position de bend" dans la bouche. Ensuite, vous pourrez aspirer. Vous ne pourrez pas obtenir du premier coup un bend propre, en une seule aspiration et dans la profondeur souhaitée. Il faut s'entraîner souvent pour cela.

En général, il convient de pratiquer ces deux bends séparément, puis de les intégrer à votre gamme à l'aide d'un accordeur électronique. Il s'agit d'un équipement ou d'un logiciel informatique qui permet d'accorder les instruments. L'accordeur peut être également téléchargé sous forme d'application pour smartphone. Il vous indiquera exactement la note que vous êtes en train de jouer. Entraînez-vous à jouer les notes Si♭ et Ré♭ avec l'accordeur et mémorisez leur son.

Si vous avez bien compris la gamme, vous pouvez commencer à jouer des **licks de blues.** Jouer des licks en 2e position peut vous aider à faire progresser votre technique du blues. Dans ce livre, je vous donnerai plusieurs exemples de licks décomposés. Vous pourrez en jouer d'autres à l'oreille en écoutant les enregistrements des musiciens que vous aimez.

4↓ 4↓̸ 4↑ 3↑ 3↓̸ 2↓ *(Piste 23)*

2↓ 6↑ 5↓ 4↓ 6↑ 5↓ 4↓ 3↓̸ 2↓ *(Piste 24)*

6↑ 5↓ 4↓ 4↓̸ 4↑ 3↑ 3↓̸ 2↓ *(Piste 25)*

4↓ 2↓ 4↑ 2↓ 3↓̸ 2↓ *(Piste 26)*

Piste 23 *Piste 24* *Piste 25* *Piste 26*

Dans le **1er et le 3e lick,** on souffle dans le 3e trou. Nous ne l'avons pas joué dans la gamme, car c'est la même note de Sol que le son aspiré du 2e trou. S'il est plus pratique pour vous jouer le Sol au 3e trou dans un lick particulier, alors jouez-le au 3e trou. (Le son Sol est le seul à être entièrement dupliqué à l'harmonica, de sorte qu'il peut être joué à la fois en aspirant et en soufflant. C'est ainsi qu'il est utilisé dans la musique folklorique allemande. Mais il est aussi très utile dans le blues).

Dans **le 2e lick,** nous avons un saut d'octave (du 2e au 6e trou). On s'habitue rapidement à ce genre de changement. Dans le blues, c'est tout à fait courant. Le plus souvent, ces intervalles sont joués avec un glissando.

Essayez-le de cette façon également.

Le **3e lick** est en réalité une gamme de blues inversée avec de petits changements à la fin.

Jouez ces licks jusqu'à ce qu'à ce que vous les réussissez. Vous n'avez pas besoin de les apprendre par cœur. Il suffit de les retenir dans votre mémoire à court terme, comme nous l'avons fait pour le Looper, de sorte qu'après la première exécution par tablature, vous vous souvenez du lick et pouvez le répéter sans regarder, naturellement, la notation.

Une **ERREUR** que commettent de nombreuses personnes lorsqu'elles jouent des licks consiste à les mémoriser et à essayer ensuite d'en faire une sorte d'""improvisation". Ce n'est pas la bonne méthode. Bien sûr, nous pouvons et nous allons, même, utiliser des licks de blues tout faits dans un solo, surtout si nous jouons un morceau célèbre et que ce lick est le moment fort du morceau. Si vous deviez jouer comme ça tout le temps... je dirais... de manière **combinatoire,** si je peux dire ça comme cela, alors nous n'irons pas dans ce sens. Laissons la combinatoire aux mathématiques et aux études analytiques, où elle a sa place. En musique, **l'inspiration** doit primer ! Mais celle-ci a tout de même besoin d'un certain "appui technique". C'est pourquoi nous jouons des licks. Pour nous immerger dans l'harmonie et la sonorité du genre musical dans lequel nous allons improviser.

Pour finir cette leçon, nous allons aborder **le 3e type de vibrato** : le vibrato de gorge. On l'appelle aussi parfois "bend vibrato", principalement en raison du travail conjoint de la gorge et de la langue au moment d'aspirer. Dans ce vibrato, le son commence à onduler vers le bas et nous entendons la vibration en raison du contraste de hauteur (plus grave-plus aigu-plus grave-plus aigu...). Cependant, cet effet du 1er au 6e trou n'est obtenu qu'en aspirant. En soufflant, ce vibrato a un son similaire au vibrato de ventre, tout en gardant une nuance spécifique.

Vidéo 9

Ce type de vibrato est expliqué en détail dans la vidéo 9. Regardez-la donc d'abord.

Nous nous contenterons ici de récapituler les principes de base du vibrato de gorge :

- Le blocage ondulatoire du flux d'air se fait uniquement au niveau de la gorge. Ni les mains ni la respiration ne viennent ici appuyer le travail de la gorge.
- Pour créer ce type de vibrato, vous devez fermer et ouvrir rythmiquement la gorge tout en soufflant (ou en aspirant), comme si vous disiez un court "ah-ah-ah-ah-ah-ah-ah-ah" (coup de glotte). C'est ce que nous faisons naturellement lorsque nous toussons doucement, en chuchotant un peu.
- Si, en jouant ce type de vibrato à l'aspiration, vous créez une "forme de bend" dans votre bouche, le vibrato se courbera et commencera à sonner comme du blues.

Faites de votre mieux en vous entraînant et je vous verrai à la prochaine leçon !

Leçon 11

Commençons la leçon en apprenant à jouer une gamme de blues sur deux octaves. La gamme perd un son à l'octave supérieure et ressemble à ceci (Piste 27) :

6↑	7↓̸	7↑	8↓	9↓	9↑
sol	si♭	do	ré	fa	sol

Piste 27

Le bend sur le 7e trou est timide, pas du tout profond, plus comme un "soupçon" de bend. Il ne fonctionnera pas sur le 8e trou, donc nous sautons simplement la note Ré♭, elle n'existe pas dans l'octave supérieure.

Jouons maintenant la gamme sur deux octaves (piste 28) :

2↓	3↓̸	4↑	4↓̸	4↓	5↓	6↑	7↓̸	7↑	8↓	9↓	9↑
sol	si♭	do	ré♭	ré	fa	sol	si♭	do	ré	fa	sol

Piste 28

Est-il totalement impossible de faire des bends à l'octave supérieure ?

Pas du tout ! On peut et on doit les faire, mais uniquement du 7e au 10e trou en soufflant. C'est ce que nous allons apprendre maintenant.

Ce type de bend est appelé **overbend.** Nous allons commencer par le 7e trou. Pour pouvoir y faire un bend, il vous suffit de faire un bend en soufflant !

C'est tout simple non ? On plie notre langue et on souffle. La seule nuance est que cette fois, le "pli" de la langue doit être plus proche des dents que lorsque l'on joue des bends sur les trous plus graves. La position de la langue est similaire à celle que l'on utilise lorsque l'on prononce la lettre "U" (piste 29). Ensuite, il suffit de suivre les règles du bending que vous connaissez déjà. Cela devrait ressembler à ceci : (piste 30).

7↑ 7↑̸ 7↑

Piste 29

Piste 30

Ce bend est difficile à tenir. Le moindre mouvement supplémentaire de la langue peut la faire “glisser”. Il vous faudra donc transpirer un peu avant d’y parvenir.

Jouons maintenant un overbend sur chaque trou de l’octave supérieure (Piste 31) :

Piste 31

7↑ 7↑̸ 7↑

8↑ 8↑̸ 8↑

9↑ 9↑̸ 9↑

10↑ 10↑̸ 10↑ Ce dernier bend est généralement le plus dur.

Entraînez-vous à faire des overbends. Nous allons en avoir besoin.

Et maintenant, encore quelques licks de blues pour vous :

2↓ 2↓̸ 2↓ 3↓̸ 2↓ 2↓ 2↓̸ 2↓ 3↓̸ 3↓̸ 2↓ *(Piste 32)*

∕5↓ ∕4↓ ∕4↑ 3↓̸ 2↓ 2↓̸ 2↓ *(Piste 33)*

4↓̸ 4↓ 4↓̸ 4↓ 4↓̸ 4↑ 3↑ 3↓̸ 2↓ 2↓̸ 1↓ *(Piste 34)*

Piste 32 *Piste 33* *Piste 34*

Vous tenez le coup ? ☺

Maintenant, on respire et on improvise enfin un blues !

Dès la première improvisation en 2e position “cross harp”, nous allons commencer à nous habituer à être autonomes, ce qui est très important lors de l’apprentissage. Après tout, le livre s’achèvera, mais votre musique, elle, doit continuer. Je dois aussi vous préparer à cela ! Désormais, vous devrez non seulement jouer sans mes indications, mais vous devrez aussi trouver une piste d’accompagnement dans la bonne tonalité.

Cherchez sur YouTube “Blues en Sol”, “Shuffle en Soll”, “Slow blues en Sol”, “Funky en Sol”. Cliquez sur n’importe quelle piste suggérée et écoutez comment l’harmonica en position “cross harp” se marie à la tonalité de Sol.

L’essentiel lorsque vous jouez est d’oublier les licks que vous avez pratiqués et de jouer davantage sur les sons aspirés, en alternant de temps en temps avec les sons soufflés… À vous de voir ! En fin de compte, c’est ce qui fait l’improvisation.

N’ayez pas peur ! Personne ne vous critiquera puisque personne ne vous entendra. Pas même moi. Et surtout, si vous ne jouez pas la bonne note dans votre gamme blues, sachez que vous ne passerez pas à côté du blues, puisqu’il repose sur deux gammes parallèles ! Si vous en ratez une, vous jouerez automatiquement l’autre... Ce sera justement le sujet de la prochaine leçon.

Alors continuez à jouer en aspirant et ne pensez à rien d’autre.

Bonne chance!

Leçon 12

Comme je l'ai déjà mentionné, le blues utilise 2 gammes à la fois. L'une est la gamme du blues, que vous connaissez déjà. L'autre s'appelle **la pentatonique majeure.** Cette gamme a la même tonique (c'est-à-dire la première note d'une gamme) que la gamme de blues. La gamme Blues commence au 2e trou et va jusqu'au 6e trou puis jusqu'au 9e trou. Mais la pentatonique, comme son nom l'indique, ne comporte que 5 notes par octave. Trois d'entre elles correspondent aux notes de la gamme blues, et les deux autres non. Voici la gamme pentatonique majeure (Piste 35) :

Piste 35

2↓ 3↓̸ 3↓ 4↓ 5↑ 6↑
sol la si ré mi sol

Ce n'est pas une gamme difficile, donc une fois que vous l'aurez maîtrisée, vous pourrez l'apprendre dans la deuxième octave qui, par ailleurs ne nécessite pas de bending (Piste 36) :

Piste 36

6↑ 6↓ 7↓ 8↓ 8↑ 9↑
sol la si ré mi sol

Vous avez réussi ? Génial ! Combinez-les maintenant en deux octaves (Piste 37) :

2↓ 3↓̸ 3↓ 4↓ 5↑ 6↑ 6↓ 7↓ 8↓ 8↑ 9↑
sol la si ré mi sol la si ré mi sol

Piste 37

Jouez cette gamme jusqu'à ce que vous l'ayez mémorisée. Une fois acquise, nous pourrons passer à un nouveau morceau pentatonique. Il s'agit du cantique chrétien classique "Amazing Grace" (Piste 38)

Piste 38

1↓ 2↓ 3↓ 3↓̸ 2↓ 3↓ 3↓̸ 3↑ 2↑ 1↓

1↓ 2↓ 3↓ 3↓̸ 2↓ 3↓ 3↓̸ 3↓ 4↓

3↓ 4↓ 3↓ 3↓̸ 3↓ 3↓̸ 3↑ 2↑ 1↓

1↓ 2↑ 2↓ 3↓ 3↓̸ 2↓ 3↓ 3↓̸ 2↓

Portez une attention particulière à l'attaque de la langue **3↓ 3↓̸ 2↓ 3↓.** Elle apparaît trois fois dans la mélodie et, comme la pratique l'a montré, c'est le point le plus délicat. Pratiquez cette phrase séparément, et le morceau finira naturellement par se dévoiler.

Si vous avez appris la chanson, passez aux licks de blues dans lesquels les sons de deux gammes sont joués en même temps. Ce sont les licks les plus fréquemment utilisés. Je suis sûr qu'il n'y a pas un seul morceau de blues dans lequel l'harmonica est joué uniquement en pentatonique ou uniquement dans la gamme blues. La pentatonique comble essentiellement les vides de l'harmonica laissés par la gamme blues. Le motif mélodique du lick va et vient entre les deux gammes, et le résultat est un entrelacement très naturel et équilibré des deux harmonies.

2↓ 3↓ 4↓ 5↑ 6↑ 5↑ 4↓ 4↑ 3↓ 2↓ 4↑ 3↑ 3↓̸ 2↓ 2↑ 2↓ *(Piste 39)*

4↓̸4↓ 4↓̸4↓ 6↑ 5↓ 4↓ 6↑ 5↓ 5↑ 4↓ 4↑ 3↓ 2↓ 4↑ 3↑ 3↓̸ 2↓ *(Piste 40)*

/5↓ 5↑4↓3↓ /5↓ 5↑ 4↓ 4↑ 3↓ 2↓ 2↓̸ *(Piste 41)*

Piste 39 *Piste 40* *Piste 41*

Au terme de cette leçon, il est temps d'improviser à nouveau. Cette fois, j'aimerais jouer avec vous.

Vous pouvez utiliser cette vidéo, ainsi que toutes les précédentes, pour toutes vos improvisations futures dans les prochaines leçons. C'était volontaire de ma part de ne pas me limiter à quelques techniques de jeu, mais bien de toutes les utiliser en improvisation. Autrement, les solos ne sembleront pas naturels, exactement comme à l'école. Personne n'apprécie un tel "solo". Cela ne me réjouira pas et ne vous motivera pas non plus à progresser. Après chaque leçon, si vous le souhaitez, revenez aux vidéos visionnées précédemment : écoutez mon jeu, identifiez les techniques acquises et essayez de les répéter. Ces répétitions, sans aide de la tablature, seront de plus en plus fréquentes. Vous commencez déjà à vous détacher pour de bon de la notation et de la feuille de papier ! (Vidéo 21)

Vidéo 21

Leçon 13

Comment allez-vous ? Vous avez eu du mal avec la dernière improvisation? Ne vous inquiétez pas. Comme je vous l'ai dit, j'ai fait exprès de ne pas me brider dans la vidéo. Désormais, à chaque leçon, vous pourrez jouer davantage. Lorsque vous reviendrez à cette vidéo, vous vous rendrez compte de votre progrès.

Dans cette leçon, nous examinerons certains des principaux licks et **riffs rythmiques** du blues, sur lesquels vous pourrez toujours vous appuyer et que pourrez progressivement mémoriser.

Mais alors, c'est quoi les riffs ? **Un riff** est une courte phrase mélodique (c'est à dire un lick) qui est répété de manière constante ou périodique. Ce lick a un rythme clair et constant et il est joué sur le même tempo. Le riff est une sorte de base mélodique pour le rythme, le tempo du morceau. Tout peut changer dans la chanson, sauf le riff.

Le riff peut être transposé une octave plus haut ou plus bas avec un changement d'accord dans le blues (en suivant cet accord), mais il peut également rester le même tout au long du morceau.

Il existe de nombreux riffs à l'harmonica et chaque jour, de nouveaux riffs sont créés. Nous examinerons les plus populaires et ceux qui sont les plus fréquemment utilisés.

4↓ 5↓ 4↓ 5↓ 6↑ Difficile de compter le nombre de chansons de blues qui utilisent ce riff. (Piste 42)

2↓ 2↓ 6↑ 5↓ 6↑ En souvenir de B.B. King. (Piste 43)

/4↑ 3↓ 2↓ /4↑ 3↓ 2↓ Vous avez certainement entendu ce riff dans "Route 66", pour ne citer que ce morceau. (Piste 44).

2↓ /4↑ 3↓̸ 2↓ Deux riffs similaires et fréquemment joués. (Piste 45)

2↓ 4↑ 3↑ 3↓ 2↓ *(Piste 46)*

4↓̸ 4↓ 4↓ 4↓̸ 4↓ 4↓ 4↓̸ 4↓ 4↓ 4↓̸ 4↓ 4↓ 3↓ 2↓

Il s’agit plutôt d’une phrase rythmique que d’un riff, mais elle remplit la même fonction, sauf qu’elle n’imprègne pas tout le morceau du début à la fin, comme le font les riffs. La phrase commence par quatre triolets consécutifs sur le 4e trou **(4↓̸ 4↓ 4↓).** Pour faire un triolet, il faut aspirer comme si vous alliez prononcer les syllabes “to-we-tee to-we-tee to-we-tee to-we-tee to-we-tee” (Piste 47).

5↓ 5↑ 4↓   5↓ 5↑ 4↓   5↓ 5↑ 4↓   5↓ 5↑ 4↓   3↓ 2↓

Une variation similaire. Ici, le triolet est joué sur les 5e et 4e trous. Chaque triolet doit commencer par la syllabe “tee” pour les séparer les uns des autres. (Piste 48)

2↓   2↓ 3↓   3↓ 4↓   4↓ 5↑   5↑ 5↓   5↓ 5↑   5↑ 4↓   4↓ 3↓   3↓

(Piste 49) Il s’agit ici d’une ligne de basse blues. Pour le jouer en rythme shuffle (qui est le rythme de base du blues), il faut d’abord le jouer sans shuffle (Piste 50):

2↓ 3↓ 4↓ 5↑ 5↓ 5↑ 4↓ 3↓

Après cela, chaque note sera doublée rythmiquement, et vous obtiendrez alors la ligne de basse initialement illustrée.

Terminons notre leçon en apprenant 4 turnarounds.

Un turnaround est généralement un lick qui est souvent joué à la fin d’une grille de blues (sur les deux dernières mesures) et permet d’introduire une nouvelle grille ou une coda.

Vous savez peut-être que qu'un blues n'est pas, à proprement parlé, composé de couplet et de refrain, mais d'une grille identique avec un nombre fixe de mesures. La grille du blues est en quelque sorte l'analogue du couplet. Mais là où le couplet a besoin d'un refrain (au moins un), la grille de blues, elle, se suffit à elle-même.

En règle générale, une grille comporte 12, 16 ou 8 mesures. Certains morceaux de blues sont composés en 9, 11 et 15 mesures, mais ils sont rares. Le blues le plus courant est celui à 12 mesures. C'est dans les deux dernières mesures qu'on entend le turnaround. (Si vous ne savez pas ce qu'est une mesure et que vous ne comprenez pas de quoi parle ce dernier paragraphe, ne vous inquiétez pas. Vous êtes capable d'entendre la fin de la mesure, n'est-ce pas ? Eh bien, c'est à ce moment-là que le turnaround est joué, sous forme de phrase finale).

Examinons de plus près les quatre turnaround les plus populaires.

Les deux premiers sont construits sur la ligne de basse et sont joués à l'unisson (simultanément) avec la basse :

2↓ 2↓ 3↓ 3↓ 4↑ 4↑ 4↓̸ 4↓̸ 4↓ 2↓̸ 1↓ *(Piste 51)*

6↑ 6↑ 5↓ 5↓ 5↑ 5↑ 4↓̸ 4↓̸ 4↓ 2↓̸ 1↓ *(Piste 52)*

Et quelques jolis turnarounds en triolets.

2↓ 2↓ 3↓ 2↓ 3↓ 4↑ 3↑ 4↑ 3↓ 2↓ 3↓ 2↓ 2↓̸ 1↓ *(Piste 53)*

2↓ 2↓ 3↓ 2↓ 3↓ 4↑ 3↑ 4↑ 4↓̸ 3↑ 4↓̸ 4↓ 2↓̸ 1↓ *(Piste 54)*

Le mieux est de mémoriser ces riffs et ces turnarounds et d'écouter beaucoup de musique (vous devez apprendre à écouter attentivement, à repérer des licks et des riffs familiers dans le jeu d'autres artistes). Essayez à nouveau d'improviser avec l'accompagnement et mes vidéos et continuez ainsi.

Piste 51

Piste 52

Piste 53

Piste 54

Leçon 14

Dans cette leçon, nous explorerons des techniques telles que le **tongue blocking (blocage de langue)** et **le jeu en octave.** L'une est dérivée de l'autre, elles sont donc toujours liées.

Pour jouer deux sons voisins ou plus sur l'harmonica, il suffit que les lèvres soient enroulées plus largement autour de l'instrument, de sorte que l'air ne pénètre pas dans un seul, mais plusieurs trous à la fois.

Mais que faire si nous devons jouer un intervalle plus large ? Par exemple, jouer toute une octave, c'est à dire souffler dans le 1er et le 4e trous en même temps.

<u>(1)(X)(X)(4)</u>

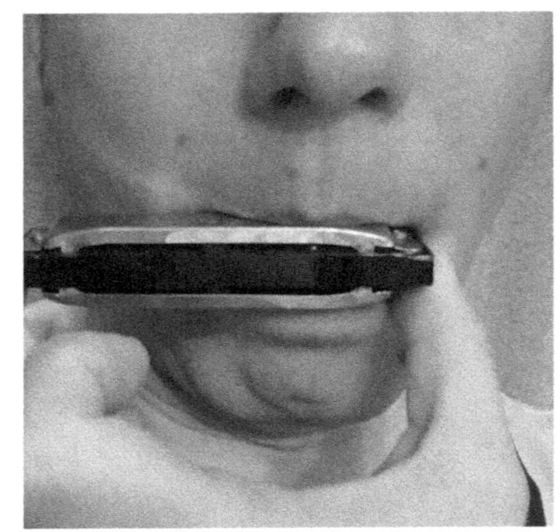

Figure 5

Pour cela, vous devez bien écarter les bords de la bouche (comme pour faire un sourire idiot), pousser l'harmonica plus profondément dans la bouche (au point que si vous essayez de fermer la bouche, les dents mordront les capots de l'harmonica) et bloquer les 2e et 3e trous avec votre langue, c'est à dire simplement boucher ces deux trous avec la langue (Figure 5). Dans cette position, lorsque vous soufflez, le son se propagera dans les joues et à travers les bords de la bouche jusqu'aux 1er et 4e trous non bloqués et fera ainsi sonner une octave. (Piste 55).

Piste 55

Soufflez et aspirez dans l'octave. Si vous n'avez qu'un seul son, cela signifie que vous n'avez pas suffisamment écarté vos lèvres autour de l'harmonica. S'il y a 3 ou 4 sons, c'est que votre langue n'a pas couvert le 2e et/ou le 3e trou. Touchez avec votre langue, de manière souple, mais pas totalement détendue, les deux trous en même temps pour qu'ils se bouchent.

Il est rare d'obtenir l'octave tout de suite. Si cela ne marche pas, ne désespérez pas, continuez d'essayer ! Il faut la sentir. Saisissez bien l'harmonica avec vos lèvres, levez et abaissez votre langue. Trouvez la position où l'octave sonne le mieux.

Si vous réussissez, jouez 4 octaves d'affilée en soufflant et en déplaçant l'instrument sur les bons trous. L'essentiel est que ce ne soit plus seulement les lèvres, mais aussi la langue qui glissent sur l'harmonica.

→

(1)XX(4) → (2)XX(5) → (3)XX(6) → (4)XX(7) *(Piste 56)*

←

Jouons maintenant la gamme en octaves. Une simple gamme majeure. Je vais la reproduire ici, en me concentrant sur le son le plus éloigné à droite de l'intervalle à jouer :

→

...4↑ ...4↓ ...5↑ ...5↓ ...6↑ ...6↓ ...7↓ ...7↑ *(Piste 57)*

←

L'intervalle joué à l'aide de la technique du tongue blocking peut également être plus large qu'une octave. Cela dépend déjà de la largeur de la bouche et de la capacité de la langue à bloquer 3 trous ou plus.

Essayez d'élargir et, inversement, de raccourcir l'intervalle en soufflant et en aspirant : (piste 58)

→

(1)XX(4)↑ → (1)XXX(5)↑ → (1)XXXX(6)↑ *(Piste 58)*

←

→

(1)XX(4)↓ → (1)XXX(5)↓ → (1)XXXX(6)↓

←

Piste 56 *Piste 57* *Piste 58*

Le jeu en octave est couramment utilisé dans les riffs rythmiques. Essayez de jouer quelques extraits inclus (ils se suivent dans l'enregistrement) : (piste 59)

(2)XX(5)↓ (2)XX(5)↓ (2)XX(5)↑ (2)XX(5)↑

(1)XX(4)↓ (1)XX(4)↓ (2)XX(5)↑ (2)XX(5)↑

(1)XXX(5)↓ (1)XXX(5)↓ (1)XXX(5)↑ (1)XXX(5)↑

(1)XX(4)↓ (1)XX(4)↓ (1)XXX(5)↑ (1)XXX(5)↑

Les riffs, en se déplaçant sur l'harmonica, se transforment facilement en licks spontanés. Lorsque vous jouez en octave, vous pouvez facilement vous déplacer sur l'harmonica, changer de respiration, faire des vibratos, des glissandos et des trilles - le tout sans rompre la forme de l'octave, le "support" d'octave pour ainsi dire.

Écoutez la piste et essayez de créer quelque chose de similaire (piste 60)

Tout ce qui est joué à l'harmonica ne peut être noté sur tablatures.

Les passages complexes et polyrythmiques notés sur papier paraissent visuellement beaucoup plus compliqués et brouillons qu'ils ne le sont en réalité. C'est pourquoi il est beaucoup plus rapide et facile d'apprendre à l'oreille que de se débattre avec la notation ou la tablature. Je ne dis pas que le papier ne permet pas de transmettre le message émotionnel, l'expression, le tempo recommandé, etc. Mais à chaque nouvelle leçon, vous devez vous fier de plus en plus à votre oreille et de moins en moins aux tablatures.

Maintenant, improvisons ensemble sur une grille de blues. Désormais, le principal défi de cette improvisation est de ne jouer que des octaves ! Allons-y ! (Piste 61)

Dans la prochaine improvisation, nous combinerons le jeu à l'octave avec le jeu régulier, sans tongue blocking. L'essentiel ici est de passer rapidement d'une technique à une autre. Entraînons-nous : (piste 62).

Rendez-vous à la prochaine leçon !

Piste 59

Piste 60

Piste 61

Piste 62

Leçon 15

Écoutez ces “nasties” ! (Piste 63)

Aujourd’hui, ce sera une leçon “bad boy” ! Je vais vous apprendre à créer un son “dirty”, mais aussi différents ‘’tours’’ et astuces de blues sur l’harmonica. Après tout, le blues, comme le jazz, regorge de sons bruts et discordants, permettant au musicien d’exprimer ses émotions, sa douleur et, dans une certaine mesure, de se faire entendre de l’auditeur.

Dans le premier morceau de cette leçon, j’ai aspiré simultanément dans les 4e et 5e (45↓) trous et j’ai commencé à “triturer” cet intervalle avec un bend. Ensuite, j’ai diminué par paires (34 ↓, 23 ↓, 12 ↓) et j’ai également ‘’abaissé’’ les sons avec des bends. En général sur l’harmonica, presque tous les trous voisins joués en aspirant sonnent assez aigus. Si vous ajoutez un bend, vous entendrez ces sons “nasty”. C’est comme si vous vous sentiez “au fond du trou”.

Que pensez-vous de ça ? (Piste 64) J’appelle ça un “fussy bend” (littéralement bend difficile et pointilleux).

Commencez par le 4e trou. Aspirez avec votre langue comme si vous prononciez la lettre “U” très vite (U U U U U U U U...). Vous obtiendrez un bend crispé, avec du rebond. Essayez-le ensuite sur d’autres trous où le bend est possible.

Comme vous le verrez dans ce morceau (piste 65), je m’appuie sur les effets staccato (tuhk tuhk tuhk tuhk tuhk) et d’autres techniques comme des bends “agités”. Je ne pouvais tout simplement pas m’en empêcher. Essayez donc !

Que pensez-vous de celui-ci ? (Piste 70). Je l’appelle le “bouncing vibrato” (Vibrato bondissant). Pour le créer, vous devez aspirer ou souffler dans un ou plusieurs trous et tirer nerveusement et rythmiquement l’harmonica de vos lèvres. Ainsi, la respiration ne s’arrête pas et l’harmonica “saute”, s’éloignant des lèvres et y revenant. Ce n’est pas difficile, mais assez spectaculaire.

Appliquons notre premier “nasty sound “à un lick que vous connaissez déjà : (piste 67)

4↓̸45↓45↓ 4↓̸45↓45↓ 4↓̸45↓45↓ 4↓̸45↓45↓ 3↓ 2↓

Comme vous pouvez le constater, de tels sons ajoutent du “piquant” à vos licks et riffs.

Voici un lick similaire dans l’octave supérieure avec lequel on ne peut visiblement pas faire grand-chose. Pourtant, le lick joué à l’aigu avec des overbends sonne toujours de manière très perçante et excitante pour l’auditeur (piste 68).

9↕ 9↑ 9↑   9↕ 9↑ 9↑   9↕ 9↑ 9↑   9↕ 9↑ 10↑   10↕

Ici, nous avons des ''frantic hassle" ("tracas frénétique") (piste 66). C'est le genre de tour que Sonny Terry aimait utiliser en combinaison avec les "fidgety bends" ("bends agités"). Ici, on change juste notre souffle très rapidement, en commençant par aspirer et on se déplace de manière chaotique autour de l'harmonica avec une petite amplitude. Essayez-le.

Au terme de cette leçon, n'oubliez pas d'appliquer toutes ces astuces dans vos solos. Boostez votre jeu dès maintenant avec ces nouvelles techniques en les mettant en pratique (piste 69).

Eh bien, il me semble que nous avons fait assez de bêtises pour aujourd'hui.

L'essentiel est d'être prêt à "s'amuser" et à faire preuve d'un peu d'espièglerie en jouant de l'harmonica, surtout en jouant du blues.

Ce sera fascinant tant pour vous que pour vos auditeurs.

Allez, continuons !

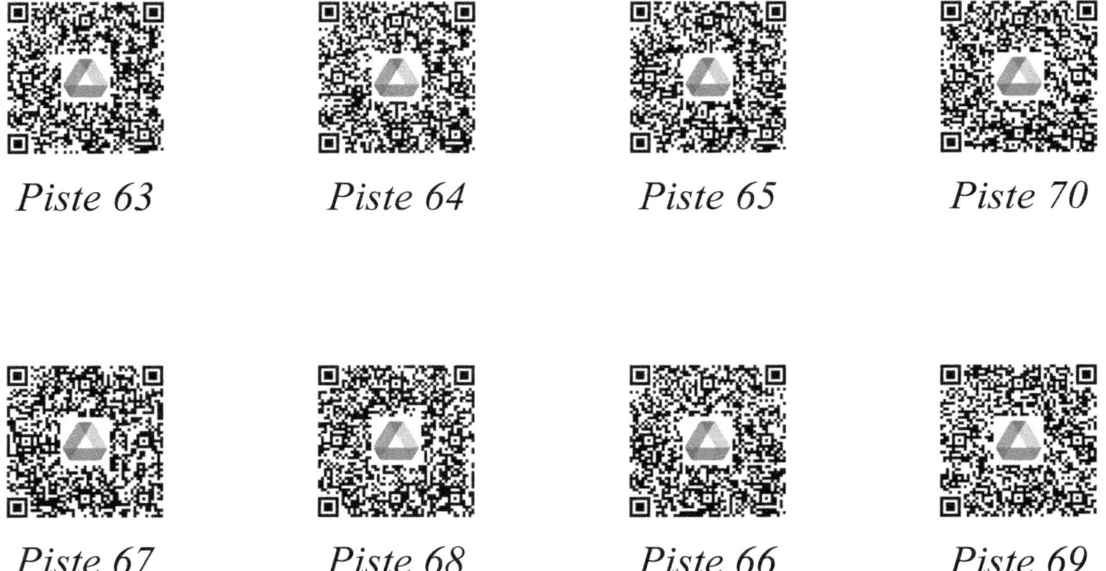

Piste 63 *Piste 64* *Piste 65* *Piste 70*

Piste 67 *Piste 68* *Piste 66* *Piste 69*

Leçon 16

Vous savez ce que j'ai remarqué ? Dans toutes les leçons précédentes, nous avons eu tendance à jouer presque tout avec accompagnement. C'est compréhensible. L'harmonica est plutôt un instrument mélodique. On ne peut y jouer plus de deux accords complets. C'est pourquoi on a tendance à le jouer avec un instrument qui peut fournir une harmonie (traditionnellement, la guitare) et sur lequel on peut s'appuyer.

Mais l'harmonica peut également être joué a cappella (sans accompagnement). Je vous conseille vivement de jouer a cappella et en solo, de temps en temps. Ce n'est que lorsque vous serez en tête-à-tête avec votre instrument, sans personne pour vous distraire, que vous pourrez découvrir son vrai caractère. Chaque nuance, chaque sanglot est perceptible. Vous pouvez jouer tranquillement, en écoutant le sifflement de l'air qui passe à travers l'harmonica. Restez seul avec l'harmonica. Laissez-le jouer tout seul. La solitude - quand il n'y a que vous et votre harmonica - est le meilleur moyen d'établir un contact privilégié avec l'instrument. Vous mêlez votre âme à la sienne et il devient le prolongement émotionnel de votre personne.

Vidéo 23

Jouons de l'harmonica simplement. Spontanément, de façon saccadée, ou au contraire de façon rythmique, en choisissant un riff au hasard.

Parlez souvent en tête-à-tête avec votre instrument. Voici une vidéo pour vous aider à vous lancer (vidéo 23).

Vidéo 20

Voici d'autres conseils importants pour la pratique solo. Mettons le looper en position blues (vidéo 20).

Apprenons à choisir le bon harmonica dans la bonne tonalité en fonction de celle des chansons.

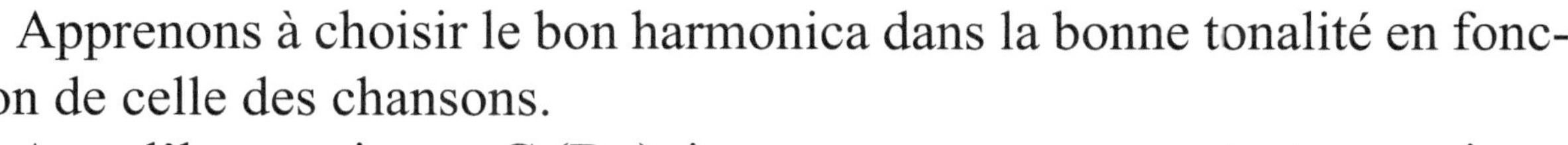

Avec l'harmonica en C (Do), je pense que vous avez tout compris.

Vous avez certainement retenu que nous l'utilisons pour jouer des mélodies en tonalité majeure en première position, c'est-à-dire en Do, des mélodies en tonalité mineure et des blues mineurs en Ré mineur, et que la majorité des morceaux de blues, de bluegrass et de country se jouent en deuxième position "cross harp", ce qui correspond à la tonalité de Sol.

Qu'en est-il des autres harmonies et des chansons jouées dans d'autres tonalités? Avec la première position, c'est assez simple. Par exemple, si une chanson est en

La majeur, alors il faudra la jouer avec un harmonica en tonalité de La. Gamme à gamme. Qu'en est-il des 2e et 3e positions ? Habituellement, pour répondre à cette question, je devrais dessiner de grands tableaux de correspondance entre les tonalités de l'harmonica et celles des chansons, dans les trois positions. Certains fabricants impriment même ces tableaux sur les boîtes d'harmonica. Mais ce n'est pas ce que je vais faire ici. Je veux vous apprendre à vous débrouiller sans tableau qui d'ailleurs est rarement, voire jamais, à portée de main. En général, vous devez immédiatement choisir le bon harmonica et jouer. Pas le temps donc de consulter un tableau.

1. La première chose à faire est de se rappeler (ou mémoriser) l'alphabet de A à G. Imaginez qu'il soit en boucle, c'est-à-dire qu'après G il y a à nouveau un A et ainsi de suite en boucle. **A_B_C_D_E_F_G_A_B_C_D_E_F_G_A**

Cette série de lettres de l'alphabet correspond au nom latin des notes et, par conséquent, à leurs tonalités. Cette désignation est acceptée depuis le premier millénaire de notre ère !

Voyons maintenant comment faire correspondre l'harmonica à une chanson dans une certaine tonalité :

S'il s'agit d'un morceau de blues, il vous suffit de compter jusqu'à 4, en remontant dans l'ordre alphabétique, et vous connaîtrez la tonalité de l'harmonica. Par exemple : Le blues est en A (La). On compte, en partant de la tonalité de la chanson: A (La) vaut 1, B (Si) vaut 2, C (Do) vaut 3, D (Ré) vaut 4 ! La tonalité du bon harmonica est donc Ré !

Et ainsi de suite avec n'importe quelle tonalité en 2e position. La seule chose, c'est que pour un blues dans la tonalité de Fa, vous aurez besoin d'un harmonica en B♭ (Si bémol) (un demi-ton plus bas que Si).

Je ne veux pas vous encombrer la tête avec des théories inutiles sur les raisons pour lesquelles c'est le cas. Je partage simplement avec vous la méthode pratique la plus simple, que j'ai toujours utilisée et que j'utilise encore. On peut toujours aborder la question sous un angle plus complexe. Mais pourquoi compliquer ce qui peut être simplifié ? Comptez jusqu'à quatre et le tour est joué !

2. S'il s'agit d'une chanson en tonalité mineure ou d'un blues mineur, vous devez jouer l'harmonica un ton plus bas que la chanson, ce qui correspond à la lettre précédente de l'alphabet. Exemple : La chanson est en Am (La mineur). Dans notre alphabet en boucle, G (Sol) vient avant A (La), donc l'harmonica que vous recherchez est en Sol. Il y a deux ajustements : pour une tonalité de Fm (Fa mineur), il faut utiliser un harmonica E♭ (Mi♭), et pour la tonalité Cm (Do mineur), nous prenons B♭ (si♭). En effet, l'intervalle entre les notes Fa et Mi et Do et Si n'est que d'un demi-ton. Il faut donc prendre l'harmonica un ton plus bas. Mais ce n'est qu'une correction d'un demi-ton, qui ne remet pas en cause la "règle alphabétique".

Pour avoir une vue d'ensemble sur les règles concernant le choix de la bonne position de l'harmonica, nous allons examiner la question selon les genres musicaux, en commençant par les plus fondamentaux :

La Folk - dans le vaste monde de la musique folk, l'harmonica est utilisé dans les trois positions. Traditionnellement, il est utilisé principalement en 1ère position (tonique) et en 3e position (mode dorien). Mais il est de plus en plus fréquent d'entendre la 2e position "cross harp" dans la folk. Beaucoup de chansons qui étaient autrefois jouées en 1ère position sont désormais jouées en 2e position, ce qui ajoute du dynamisme à la mélodie. Il s'agit essentiellement de musique folk américaine, latino, irlandaise, écossaise, bretonne et scandinave.

Le Blues. Naturellement, la 2e position est propre au blues. Mais dans les morceaux de blues mineurs (qui sont, en comparaison, beaucoup moins nombreux que les morceaux de blues majeurs), l'harmonica est le plus souvent joué en 3e position. Parfois, le blues est joué en 1ère position, dans l'octave supérieure, en "tirant" les notes de blues nécessaires avec des overbends. La 2e position reste néanmoins la plus importante. C'est celle qui a créé la signature sonore du blues.

Country & Western - Les 1ère et 3e positions étaient à l'origine utilisées pour jouer ces styles de musique, tout comme dans la folk. Les chansons country comportaient plus d'harmonica en 1ère position. Les westerns plus sombres en tonalité mineure préféraient l'harmonica mineur en 3e position. Aujourd'hui, la 2e position "cross harp" a presque totalement supplanté la 1ère position (en grande partie grâce à Charlie McCoy et à l'immense popularité du blues dans les années 50). Nous aborderons les bases du jeu rapide en musique country dans la prochaine leçon.

Rock et Rock and Roll – Ils se jouent presque toujours en 2e position "cross harp" puisque ces genres ont hérité de l'harmonie du blues.

La musique pop constitue une production annuelle diversifiée. C'est le genre musical le plus variable et comprend des éléments de tous les autres styles de musique. La tonalité de l'harmonica dépendra de la meilleure ressemblance avec le genre de la chanson en question. Je commencerais pour ma part à jouer à partir de la 2ème position "cross harp". Dans un cas sur deux, c'est la bonne position.

Vidéo 24

Au terme de cette leçon, nous allons improviser à nouveau. Cette fois, jouons dans le style scandinave. Ce sera amusant ! Découvrez-la dans cette vidéo : (vidéo 24)

Leçon 17

Dans cette leçon, nous allons simplement nous initier (et non approfondir) à une nouvelle et longue thématique appelée **"jeu rapide de l'harmonica".** Ce thème relève en général d'une compétence à part entière et un manuel spécifique serait en réalité nécessaire pour étudier le jeu rapide de l'harmonica dans le style bluegrass et country/western. Mais dans cette leçon, je vais vous expliquer les principes de base du jeu rapide. Nous allons donc essayer de jouer quelques licks. Ceux qui sont intéressés par ce sujet pourront approfondir ce style par eux-mêmes. Et ceux d'entre vous pour qui le blues suffit peuvent enrichir leur jeu avec des licks country, ce qui est tout aussi passionnant.

Le jeu rapide repose sur deux principes de base : Microslides; Rolls.

Décomposons ces deux points :

1. Les microslides sont, comme leur nom l'indique, des micro glissandos. Il s'agit d'un effet sonore qui consiste à jouer certains sons dans une séquence donnée en glissant entre chacun de ces sons jusqu'au trou suivant. La respiration ne change pas. Nous continuons simplement à glisser de trou en trou.

Piste 71

Essayons de le faire ! (Piste 71) :

4↓→3↓ 4↑→3↑ 4↓→3↓ 4↑→3↑..

Et maintenant jouons une gamme majeure en utilisant des micro glissandos : (piste 72)

4↑→3↑ 4↓→3↓ 5↑→4↑ 5↓→4↓ 6↑→5↑ 6↓→5↓ 7↓→6↓ 7↑→6↑

7↑→6↑ 7↓→6↓ 6↓→5↓ 6↑→5↑ 5↓→4↓ 5↑→4↑ 4↓→3↓ 4↑→3↑

Un micro glissando transforme essentiellement un son en deux sons consécutifs. Cela vous permet de doubler votre vitesse de jeu sans augmenter votre rythme respiratoire.

Piste 72

2. Les rolls sont des licks répétés, qui "tournent" au même endroit. Les rolls peuvent être simples (3, 4 ou 5 sons) ou complexes (composés de plusieurs rolls simples ou d'une combinaison de rolls simples et de licks classiques). - Décomposons les deux types de rolls simples.

<u>1. Roll circulaire :</u> lorsque les sons sont joués en boucle et en cercle :

5↓ 5↑ 4↓→5↓ 5↑ 4↓→5↓ 5↑ 4↓→5↓ 5↑ 4↓... *(Piste 73)*

3↓ 4↑ 4↓→3↓ 4↑ 4↓→3↓ 4↑ 4↓→3↓ 4↑ 4↓... *(Piste 74)*

4↓̸ 5↓ 4↓ 5↓ 4↓̸ 5↓ 4↓ 5↓ 4↓̸ 5↓ 4↓ 5↓ 4↓̸ 5↓ 4↓ 5↓ *(Piste 77)*

Piste 73

Piste 74

Piste 77

<u>2. Rolls en va-et-vient :</u> lorsque les sons alternent progressivement, se déplaçant d'abord dans une direction puis une autre, dans le sens inverse : (piste 75)

4↓ 4↑ 3↓ 4↑. 4↓ 4↑ 3↓ 4↑. 4↓ 4↑ 3↓ 4↑. 4↓ 4↑ 3↓ 4↑...

(Le point entre les licks est juste là pour les séparer visuellement).

Piste 75

- Voici l'exemple d'un roll complexe : (piste 76)

1↓ 2↑ 2↓ 3↑ 3↓ 2↓ 2↑. 3↓ 2↓ 2↑. 3↓ 2↓ 2↑. 3↓ 2↓ 2↑...

Ce ne sont que quelques exemples. Il y a beaucoup de rolls et vous n'avez pas besoin de les mémoriser. Vous pouvez même inventer les vôtre. Essayez de trouver quelques rolls simples.

Piste 76

<u>**SYNTHÈSE :**</u> Dans la technique de jeu rapide, nous obtenons la structure suivante : **Des rolls simples** sont spontanément ou délibérément "collés" les uns aux autres. Lorsqu'ils sont combinés avec des licks standards, ils créent des **rolls complexes,** qui, à leur tour, se répètent automatiquement autant que nécessaire grâce à notre **"looper"** neuromusculaire. Ce dernier doit être travaillé à la perfection pour un jeu rapide. Naturellement, vous devez être capable de jouer facilement, de respirer rapidement et de "courir" littéralement sur l'instrument. Il ne s'agit pas de chercher à entendre chaque son, ni d'expérimenter chaque bend, mais de jouer encore et encore en profitant de la vitesse du jeu.

Ce mécanisme de jeu rapide est utilisé dans la musique Country, Bluegrass, musique celtique, et dans une moindre mesure dans la musique scandinave et bretonne (non pas parce qu'il n'y a pas de telles répétitions, mais parce qu'il n'y a pas beaucoup de jeu rapide dans ces deux dernières traditions musicales).

Tout cela n'était qu'une brève introduction aux mécanismes de base du jeu rapide. Bien évidemment, la mécanique seule ne suffit pas. Même si vous courez plus vite que tout le monde, cela ne vous servira à rien si vous ne comprenez pas où et pourquoi vous courez. Comprendre la mécanique ne remplace pas la composante spirituelle de la musique et de l'inspiration. Cette musique doit avant tout résonner en vous. Pour cela, vous devez énormément écouter de la musique, vous immerger dans la tradition country et bluegrass. Et pour l'écouter beaucoup, il faut l'aimer sincèrement... Tout ce qui est réel et créatif dans notre monde trouve sa source dans l'AMOUR ! Et la vraie musique (tout type de musique) ne fait pas exception à cette règle simple. Au contraire, elle en est la confirmation la plus éclatante. Aimez ce que vous faites, ce que vous jouez ! Ensuite, tous les rolls seront réussis, et tout le reste le sera aussi, et vous n'aurez même plus besoin de manuels d'apprentissage.

Maintenant, comme d'habitude, improvisons ensemble et essayons un jeu rapide. Ce ne sera pas facile, mais vous devez essayer. Écoutez, répétez, réessayez et n'ayez pas peur. Je vous aiderai (Vidéo 22).

Vidéo 22

Leçon 18

Cette leçon s'adresse principalement à ceux qui envisagent de jouer de l'harmonica sur scène ou de répéter avec un groupe de musique. Néanmoins, ceux qui n'envisagent pas de le faire y trouveront également intérêt et utilité.

Le sujet d'aujourd'hui est très concret et pragmatique :

Jouer avec un amplificateur.

Vidéo 25

Lorsque vous jouez sur scène ou avec un groupe, la technique et le talent ne suffisent pas. L'harmonica, comme tout autre instrument dans de tels cas, doit être correctement amplifié. J'explique tout cela clairement dans les deux clips vidéo de cette leçon. Regardez-les d'abord attentivement, puis revenez à la leçon (vidéos 25, 26).

Vidéo 26

Vous l'avez regardé ? Super ! Résumons maintenant :

- La prise de son de l'harmonica se fait exclusivement à l'aide d'un micro instrumental ou vocal.
- Un micro vocal ou instrumental standard peut être placé sur un pied de micro. Dans ce cas, vos mains restent libres. Vous pourrez jouer aussi aisément que si vous n'aviez pas de micro. Mais cette option ne convient qu'aux solos ou aux ensembles acoustiques discrets, car vous ne pouvez pas amplifier le volume du micro sur le pied. Il commencera à capter le son réfléchi de l'harmonica et produira un effet Larsen. Vous pouvez également tenir ce type de micro dans vos mains et le plaquer contre l'harmonica. Cela augmentera le volume. Mais le tenir n'est pas très pratique et le poids supplémentaire dans vos mains rendra vos mouvements plus maladroits.

Les micros spéciaux pour harmonica **sont de deux types :**

- **1) Sans fil :** le micro est fixé sur un anneau spécial sur le doigt gauche, il est ultra léger et ne restreint pas les mouvements.
- **2) Micro "bullet" :** Ce sont les micros traditionnels de blues. Ils sont plus lourds que les microphones sans fil, mais ont une forme très confortable, un bel extérieur, un bouton de contrôle du volume et une plage de fréquences réduite par rapport aux microphones conventionnels, ils créent donc rarement un effet Larsen. Si vous connectez un micro "bullet" à un amplificateur combo pour guitare (de préférence à lampes), vous pouvez

obtenir le son caractéristique du Chicago Blues.

- Une alternative bon marché aux micros “Bullet” classiques peut être un micro domestique rétro en métal pour magnétophone. Il n’aura pas de bouton de volume, mais il sonnera très bien avec un ampli guitare.
- Permettez-moi de vous dire quelques mots sur toutes sortes de pédales d’effets spéciaux et de processeurs qui essaient d’inclure des microphones... L’harmonica ne les apprécie pas beaucoup. La seule chose qui lui convient, c’est le gain et reverb, et rien de plus. Les effets delay et trémolo ne fonctionnent pas du tout avec l’harmonica. Mais vous pouvez toujours expérimenter. Vous trouverez peut-être quelque chose qui répondra à vos attentes.

Qu’est-ce que j’utilise personnellement ? Ce n’est pas un secret.

J’ai deux micro “bullet” : Hohner Blues blaster et Shure Green Bullet. J’ai aussi une Suzuki MC-100 et un vieux micro pour un magnétophone de 1966 “Octave MD-44”. Je les connecte à un ampli à lampes pour guitare Traynor canadien de 40 watts. Je suis entièrement satisfait de ce set.

Mais vous devez chercher votre propre son et il est certain que vous le trouverez. Alors bonne chance dans votre quête !

Conclusion

Ce livre touche ainsi à sa fin. Nous sommes donc arrivés au bout de notre immersion dans le monde de la musique et de l'harmonica. Je ne serai plus là pour vous guider à travers les styles musicaux, les harmonies et les mélodies. C'est à vous de jouer maintenant. Je vous ai donné toutes les informations clés dont vous avez besoin. Je ne disposais pas de ces connaissances lorsque j'ai tenu un harmonica pour la première fois, il y a près de 25 ans. Il n'y avait pas d'Internet à l'époque, ni de bons livres disponibles. Mais j'avais une soif ardente d'apprendre à jouer et un amour de la musique ! Le désir et l'amour ont suffi à m'aider à devenir harmoniciste. Que ces deux forces deviennent les moteurs les plus importants de votre vie !

Cherchez votre son et votre style lorsque vous jouez de l'harmonica. Trouvez vos musiciens préférés, écoutez-les jouer et interviewez-les. Apprenez de nouveaux licks et de nouvelles mélodies, d'autant plus que je n'ai pu vous fournir que le minimum, en partie parce qu'il existe certaines restrictions à l'utilisation du travail d'autrui. Mais elles ne s'appliquent pas à vous en tant que jeunes apprenants. Jouez ce que vous entendez, ce que vous voulez.

Ce livre n'est pas exhaustif et nous n'avons pas couvert toutes les thématiques possibles. Il serait par ailleurs difficile de le faire en un seul volume. Ainsi n'avons-nous pas abordé des sujets tels que :

La gamme mineure naturelle : Elle est rarement utilisée, car très dérangeante lorsqu'on joue de l'harmonica avec l'accordage standard Richter.

Cependant, si vous remontez votre instrument en accord Paddy Richter (ou si vous achetez un harmonica déjà accordé ainsi), vous pouvez facilement jouer en mineure naturelle. De nombreux morceaux occidentaux et irlandais vous seront alors accessibles, dont la moitié ne peut être jouée que sur un harmonica accordé en Paddy Richter.

La 4e position : Cette position existait bel et bien autrefois, utilisée notamment dans les vieux westerns jusque dans les années 50. De nos jours, même de nombreux harmonicistes et célèbres professeurs ne connaissent pas cette position. Le principe était qu'on se servait d'un harmonica en C (Do) pour jouer dans une tonalité de Fa. En effet, il est possible de jouer de cette manière, même si ce n'est pas habituel et pas très pratique. Néanmoins, il y a des airs qui ne peuvent être joués et que dans cette position et qui sonnent très bien par ailleurs.

La folk allemande, jeu à double stop : Ce style de jeu a perdu de sa pertinence et de son intérêt depuis longtemps et a été oublié même en Allemagne. J'ai pu tout de même redécouvrir cette technique de jeu, qui est notamment à l'origine de l'accordage standard de l'harmonica.

Jouer avec un support : C'est ce qui permet de jouer deux instruments à la fois : la guitare (le plus souvent) et l'harmonica. Le support d'harmonica, qu'on appelle aussi porte-harmonica est un petit accessoire qui sert à tenir et porter l'harmonica à la place de vos mains. Le support se porte autour du cou et fixe l'harmonica juste devant la bouche, libérant ainsi vos mains pour jouer d'un autre instrument de musique : guitare, piano, voire batterie (à titre optionnel). Personnellement, je joue de la guitare une fois sur deux lors de mes performances et j'utilise donc un support d'harmonica, comme vous l'avez sans doute remarqué dans les vidéos pédagogiques de ce livre.

Nous avons volontairement laissé ces sujets de côté afin que vous ne soyez pas confus par autant d'informations et que vous compreniez bien les bases des trois positions fondamentales. Étudiez d'abord minutieusement ce que vous avez déjà appris, avant d'expérimenter par vous-même de nouvelles techniques. Mais qui sait, peut-être envisagerai-je d'écrire une suite... Vos retours positifs sur ce livre m'encourageront certainement à le faire)

Conseil sur les gammes de l'harmonica : À terme, si vous envisagez de continuer sérieusement la pratique de l'harmonica, vous devrez maîtriser l'ensemble des gammes, soit TOUTES les 12 gammes ! Mais pour l'instant, vous pouvez vous en tenir aux trois gammes de base de l'instrument – C (Do), D (Ré) et A (La). Vous possédez déjà la première. Si vous en acquérez deux autres, vous serez en mesure de couvrir au moins 35% de tous les airs et morceaux de blues !

Où jouer et avec qui : Jouez chez vous avec accompagnement, en écoutant les albums de vos artistes préférés, avec des amis ou même seul, à l'aide d'un support (si vous jouez de la guitare, bien sûr).

Je vous recommande également d'assister à des Jam sessions de blues. Au début, contentez-vous d'y aller, de regarder et d'écouter les autres jouer, puis rejoignez à votre tour les jammers. Après tout, "la meilleure répétition est la performance". (Pour ceux qui ne le savent pas, une jam session de blues est un événement musical au cours duquel des musiciens de différents niveaux se réunissent et improvisent ensemble. Ces soirées ont lieu, le plus souvent, dans les clubs de musique, dans presque toutes les villes qui en ont.)

Pour finir, je vais partager avec vous quelques-unes de mes créations avec lesquelles vous pourrez jouer :

LS Piste

Last Sunny Day. C'est une chanson pop bluegrass aux accents lyriques en clé de Sol. Elle doit donc être jouée en 2e position "cross harp", en s'appuyant davantage sur la pentatonique majeure. Suivez le lien et rejoignez-moi pour la jouer ensemble (piste Last Sunny Day).

Fastmover. Il s'agit d'un instrumental blues-funk en La, vous aurez donc besoin d'un harmonica en D (Ré) pour cela. De plus, dans la deuxième partie du morceau, il y a deux modulations : d'abord d'un ton, puis une autre d'un demi-ton. Vous aurez donc besoin de deux harmonicas supplémentaires, en E (Mi) et F (Fa). Mais si vous ne les avez pas, vous pouvez simplement l'écouter, en vous imprégnant de la sonorité et du style de jeu (piste Fastmover).

F Piste

<u>Bonne chance les amis !</u> J'ai eu tellement de plaisir à créer ce livre et à partager mes connaissances avec vous. J'espère que vous vous êtes amusés autant que moi. Vous êtes partis pour votre propre voyage musical. Je vous souhaite donc bon vent et... à bientôt ! ☺

Toutes les vidéos (Liste de lecture)

Toutes les vidéos sont également dans la même liste de lecture sur YouTube (la vidéo est en anglais, mais le commentaire contient le texte de la vidéo en français) :

ou utiliser le lien :

cutt.ly/Vw9sw158

Tous les fichiers audio et vidéo (Télécharger les fichiers)

Tous les fichiers audio et vidéo sont également disponibles sur Google Drive :

ou utiliser le lien :

cutt.ly/Dw9swX5I

Important ! Veillez à télécharger tous les fichiers de Google Drive sur votre ordinateur. Nous avons rencontré un problème dans notre système une fois et nos fichiers étaient temporairement indisponibles en ligne. Il est préférable donc de les télécharger tous en même temps afin d'y avoir accès hors ligne à tout moment.

1. Bob Dylan. Certains diront que Dylan n'est peut-être pas le meilleur harmoniciste. Dans ce cas, je demanderais : qui est meilleur que lui pour jouer de l'harmonica folk, tout en jouant de la guitare ? À ma connaissance, personne parmi les meilleurs et célèbres harmonicistes actuels. Le son de son harmonica est véritablement unique, chaleureux, relâché et pourtant sincère. Il ne cherchait pas toujours à atteindre les bonnes notes (j'ose même dire qu'il n'atteignait que rarement, voire jamais, les bonnes notes), mais le son chaleureux et assuré de son harmonica, avec ses accents country, est reconnaissable entre tous. Bob Dylan est à écouter si vous avez peur d'improviser, par crainte de ne pas trouver toutes les bonnes notes. Écoutez Dylan (en particulier ses deux premiers albums folk). Rien ne lui fait peur. La devise "c'est sorti comme ça devait sortir" est fondamentale dans l'improvisation, et Bob Dylan la maîtrisait à la perfection.

2. Billy Branch est sans aucun doute le meilleur harmoniciste de blues des États-Unis.

Je ne pense pas qu'il y ait beaucoup plus à dire sur lui. C'est le meilleur et son jeu est toujours aussi solide. Écoutez ses albums. Je vous recommande de commencer par Double Take. C'est un excellent album en duo avec le guitariste Kenny Neal. Le jeu d'harmonica de Billy y est dévoilé dans toute sa puissance et sa beauté.

3. Sonny Terry. Le son agité et nerveux qui le caractérise est devenu la référence du Delta Blues. Il a enregistré la plupart de ses chansons et de ses titres avec le guitariste tout aussi emblématique, Brownie McGhee. Ils jouent ensemble depuis les années 40 et il serait impossible de les imaginer séparés. Écoutez leur duo, pour un véritable régal musical et esthétique.

4. Carey Bell. Un bluesman exceptionnel de Chicago, doté d'une solide technique, avec des tours techniques et des effets sonores emblématiques. Il a enregistré des disques avec son fils Lurrie Bell à la guitare, à partir des années 80. Tous leurs albums valent le détour, en particulier leur album acoustique sorti en 2008.

5. Charlie McCoy. Il est l'icône de l'harmonica country ; l'homme qui a inventé le son moderne de l'harmonica country en position "cross-harp". Le maître de l'improvisation country et bluegrass. Après son arrangement à l'harmonica du morceau bluegrass "Orange Blossom Special", les derniers sceptiques ont fini par admettre que l'harmonica est un véritable instrument de musique, sérieux qui plus est.

Cette liste n'est évidemment pas exhaustive ! Je n'ai pas mentionné Junior Wells, Sonny Boy Williamson, Buddy Green, James Cotton et bien d'autres. Il me faudrait écrire un autre livre pour tous les couvrir. Alors, notez les noms des harmonicistes que vous ne connaissez pas. Chacun possède un charme particulier dans son jeu. Plus vous entendrez d'artistes, plus votre langage musical s'enrichira.

Bonne route dans la découverte de votre son !

Apprendre à jouer ses chansons préférées au piano, c'est facile !

Aujourd'hui, le piano est sans doute l'instrument de musique le plus populaire au monde. Jouer de cet instrument vous fera vivre une expérience inoubliable.

Le livre contient de la théorie musicale, des exercices pratiques et 60 chansons populaires pour les enfants et les adolescents.

L'auteur du livre, Avgusta Udartseva, est une amie proche, et je peux donc vous recommander de tout cœur son livre pour apprendre le piano !

ISBN: 979-8367073287

ASIN: B0BT743NCC

France

Canada

Et c'est excellent pour les adultes

Plongez dans l'univers de la guitare avec notre cours complet adapté aux débutants de tous âges. Vidéos, Audios et 50 chansons inclus. Ce guide est incontournable pour ceux qui souhaitent maîtriser la guitare, que vous soyez enfant, adolescent ou adulte.

Vous maîtriserez la guitare en un rien de temps !

France

Canada

ISBN: 978-1962612043

ASIN: 196261204X

www.ingramcontent.com/pod-product-compliance
Lightning Source LLC
LaVergne TN
LVHW081422110826
845149LV00010B/1840

* 9 7 8 1 9 6 2 6 1 2 0 8 1 *